纪念启功先生诞辰110周年

记忆文存

启功书事

QIGONG SHUSHI

刘红庆 著

山西出版传媒集团
北岳文艺出版社
BEIYUE LITERATURE & ART PUBLISHING HOUSE
·太原·

图书在版编目(CIP)数据

启功书事 / 刘红庆著 . —太原:北岳文艺出版社,
2022.7

ISBN 978-7-5378-6571-5

Ⅰ. ①启… Ⅱ. ①刘… Ⅲ. ①启功(1912-2005)—
传记 Ⅳ. ①K825.72

中国版本图书馆CIP数据核字(2022)第104193号

启功书事

刘红庆 著

出品人
郭文礼

策　划
马　峻

责任编辑
庞咏平

装帧设计
礼孩书衣坊

图片支持
北京师范大学档案馆
电影《启功》剧组
李　强

印装监制
郭　勇

出版发行:山西出版传媒集团·北岳文艺出版社

地址:山西省太原市并州南路57号

邮编:030012

电话:0351-5628696(发行部)　0351-5628688(总编室)

传真:0351-5628680

印刷装订:山西新华印业有限公司

开本:787 mm × 1092mm　1/16

字数:205千字　印张:15.375

版次:2022年7月第1版

印次:2022年7月山西第1次印刷

书号: ISBN 978-7-5378-6571-5

定价:69.00元

为文化守夜　替历史招魂

苏保华

一个时代有一个时代的历史体认和文化追求，同时也形成了所谓潮流或时尚。正如人们常说的，我们处在“大变局”和“小时代”之中。一方面，现代化进程也好，后现代转型也罢，都滋生且加重了人们对于历史的疏离和隔膜。生活方式当然不同于既往，但更重要的是，思想观念和情感样态也渐趋异化——不知不觉间，传统犹如远在天边的故乡，可以勾起思念或者忧伤，却不再被视为一种现实的力量。另一方面，随着制造业、服务业的更新换代，文化产业规模随之急遽扩张，文化的商品性质日益凸显。不论娱乐文化、通俗文化，抑或快餐文化、消费文化，都失去了既往的神圣性和崇高感。正是在这样一个略显诡谲的人文背景之下，我的同学刘红庆所从事的学术性书写才更显得难能可贵。

从20世纪80年代出版第一本散文集《入世初尘》开始，红庆兄就偏爱着现实叙事，通过洗练素朴的文字，描写偏僻小镇的凡人小事，表现复杂而又细腻的人生感悟。那种点滴入微、述而不论的写作风格，很能够使读者产生“代入”的效果，会情不自禁地联想到沈从文、周作人、梁实秋们追求过的平淡真朴之美，也能体味到一个“知识青年”的无奈和郁闷，另外还有，他与故乡之间的格格不入。

受西方存在主义哲学的影响，我们往往特别重视“还乡”对于现代人、现代文明的意义，殊不知，没有“离乡”就无所谓“还乡”，“我们永远在回乡的路上，故乡却在遥不可及的地方”，这固然会滋生莫名的失落和惆怅，但同时也确立了一种个体信仰、价值取向，塑造出一种文化历史学的“眼光”。设想一下，当年如果周氏兄弟不离开绍兴、胡适不离开绩溪、沈从文不离开湘西，他们的“故乡”有多大概率可以成为现代中国的人文景观？从这个角度看，刘红庆在除夕之夜怀揣五百元直奔京城，就挺具有仪式感的。刘红庆从故乡出走，对于左权县是一桩幸事，太行山的开花调、走乡串村的盲人宣传队、辽州城的洋楼教堂、湮灭于时间长河的八大家族，都随之成为或可能成为一道道历史文化风景。

我与红庆都是左权人。我家住在县城西关的养老院，红庆的父母后来在西关租房，两家院落相距不过百米，说起来算半个邻居，上一辈人彼此相熟。当时红庆似乎是跟着他的姥姥在北街过活，我们之间倒没什么交集。80年代中期，我在晋中师专任教，因为老乡兼同学的关系，与红庆的来往便多了起来。红庆后来联系调入师专学报担任编辑，当时我也顺势帮红庆敲敲边鼓。事情最终泡汤，我得到的答复是，刘红庆面谈时太不拘小节，上衣在腹部打了个结，云云。多年以后，红庆返回师专讲学，我不知道他有无扬眉吐气之感，但我始终记得，我们家乡的长辈教育孩子最常问的——“你将来靠什么吃饭”。吃饭问题是一个本真的哲学问题。

京城米贵居不易，红庆靠写书、编书谋生，想必历经种种艰难坎坷。为稻粱谋，选一些焦点人物，挑一些时髦话题，弄几本畅销书，好像更符合脱贫大计。可红庆兄偏偏咬定“二气”来书写，写一些土气或相对遥远的人和事，如侯宝林、沈从文、郭兰英、皇甫束玉、田青……当然也包括这本新作所写的启功。这些人物都有过昔日的荣光，但很明显皆属于时人逐渐淡忘的“前浪”。回望和品味这群土气、相对遥远的文人、艺人，原本就是非常“小众”的事情，红庆的这种选择或许应验了一句老话——“吃饭是为了活着，活着不只是为了吃饭”。红庆选定学术性书写作为自己的生存方式，其中包含了他对于文化历史的总体思考。有心的读者会发现，红庆笔下的文化名人有不少都经历过解决吃饭问题的困窘，沈从文卖文，启功卖字，郭兰英、侯宝林、刘红权们卖艺，这种艰难坎坷反而成为他们成就自己的助力。

中国古代画论中讲：“画鬼易，画人难”；“手挥五弦易，目送归鸿难”。传记创作的难处也在于此，要写活，也得传神，具有了“活性”和“神性”，才算得好的传记。《启功书事》的“活性”不只表现在用灵动的笔墨来叙述启功先生的逸闻趣事，更表现在他在对启功心存敬畏的同时，依旧保持着自己的那份平常心。他不趴在地下仰视，也不站在云端指点，而是深潜到业已流逝的生活中，感同身受地体会启功先生在特定情境中所形成的心灵颤动。可以说，红庆所注重的“活性”就在于，珍存流逝的时光，唤醒尘封的记忆，挖掘失落的价值，讴歌永恒的人性。

能够传神的传记作品不少，尤其是一些帝王将相的正传、大传，通过想象和夸张，夹带传奇或戏说因素，使得作品在一定程度上具有了穿越小说的特质。这类作品的所谓传神，只不过是借古人之酒杯，浇自己心中之块垒，借文学虚构来亵渎历史的真相。在我看来，相比于畅销的雍正、康熙、曾国藩、张居正等传记，《启功书事》是一本具有浓重学术性同时又能感人心、启人思的人物别传，因为它写出了启功先生的精神气质和文化品格。

以小说家眼光看启功身世，多少会生出过宝山后空手而归的遗憾。他有皇室血统，没有叱咤风云；他与名流交游，从未放荡不羁；他雅擅书法，不屑争名夺利；他精通鉴物，不曾倒腾古董。本该绚烂至极的，在启功先生那里统统归于平淡。而刘红庆所着力描写的，正是启功先生拥有的那份淡泊、静气、守真、笃实。以“书事”立传，体现了作者的匠心。红庆有个通俗的比喻，强调了在传记创作中确立文脉的重要性，就像儿时家乡赶集时拴“麻糖”（油条）要用一根纸绳儿。从家传诗书至拜师读书，由教书育人到写书论书，“书事”就是那根贯穿其中的“纸绳儿”。围绕“书事”勾勒传主的人生轨迹，可以生动传神地刻画身为“大家”兼“杂家”的启功，也可以有效地规避编年说事的乏味。

品过老友新作，独坐书房，掩卷长思书中所写之事，一幅幅画面从脑畔掠过：少小丧亲、姑嫂育雏、名士传艺、大师授学、夫妻哀艰、衰年济世……便想起了唐人的诗句——“世间无限丹青手，一片伤心画不成”。世人只知启功是丹青妙手和鉴物宗师，哪里顾得嗅闻大师光环背后的泥土芳香，又哪里还会品味巨人行路的艰难苦辛？这就是宋代僧人释慧方讲的：“时人不会个中意，犹把汉身谩度量。”幸好刘红庆不算所谓的“时人”，而宁愿做一个麦田拾穗的学人。

不知不觉，新世纪已然悠悠二十年，回望20世纪，颇有风流云散、一别如雨之慨。启功先生是中国现代社会风起云涌的见证者，也是在国故与西化、政教与学术之夹缝中特立独行的知识人。《启功书事》用流畅的笔墨写出了启功先生对国学的坚守以及对新潮的疏离，也以客观叙事的态度传达出一代学人曾经遭遇的尴尬。文化的生命根植于传承，历史的无奈却源于遗忘。在文化传承和习惯性忘却的逻辑悖论中，红庆兄的这类学术性书写具有双重价值，它提醒着我们，在快节奏的当下生活中，应该惊觉“记得”的意义，应该确立“践行”的尺度。

2021年12月

苏保华，扬州大学文学院教授。

题红庆兄《启功书事》卷首

张宝林

闳门遗贵胄，
貌若左邻翁。
腹笥周闽县[1]，
诗书米南宫。
杂家谁得似，
博洽史称雄。
幸喜亲关钥[2]，
时时沐惠风。

① 指周玄，明代学者，福建闽县人。《明史·文苑传二·周玄》："尝挟书千卷，止高棅家，读十年，辞去，尽弃其书，曰：在吾腹笥矣。"

② 典出南朝梁简文帝《六根忏文》："得彼天聪，闻开塔关钥之声，弹指謦欬之响。"

闖门遺胄貌若
左鄰翁腹笥周閩
縣詩書米南宮雜家
誰得似博洽史稱雄
幸喜親關鑰時〻憶
惠風

題紅慶兄新著啓功書事
卷之余曾採訪啓先生多次
記憶猶新

庚子春二月廿五
張齊林於一夜廬

为《启功书事》付梓题

齐　文

幽默谐风坚净翁，
五车才气古今通。
淡泊名利高节亮，
诸子星光缀太空。

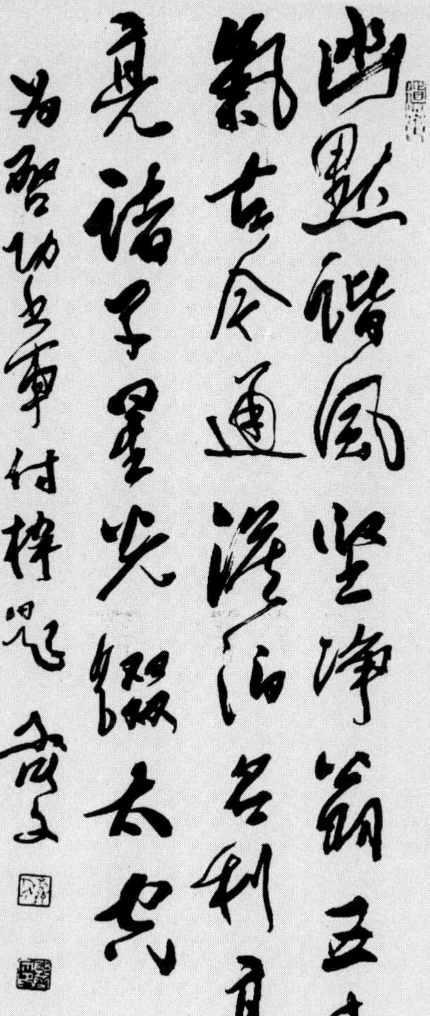

幽默諧風坚淨翁五車才
氣古今通澹泊名利高節
亮諸子墨光綴太空
为启功先生事付梓题

目录

缘起

启功的价值，是不是首先在于他的字很值钱？或许是，但也未必。我就见过几位没把启功的字看成钱的人。

先说我的老乡，荣宝斋的老经理侯恺先生。1950年，二十七岁的侯恺当上了荣宝斋的经理，一干就是三十五年。1985年，侯恺要离休了，与他交往多年的启功说："我送你字吧！"侯恺说："不用啊！你这么大年纪，我给你钱，你也不要，反过来我剥削你的劳动力，合适吗？"

启功说："老朋友嘛，留个纪念。"

侯恺说："要说留个纪念，你就给我写个平复帖。"

结果，启功写了两张，对侯恺说："你让我写平复帖，我写两份，都不好。"

侯恺说："都好都好！"

多年前我采访侯恺先生的时候，启功的一幅平复帖便挂在他家的客厅里。我和他说："卖了吧，换点实用的！"侯恺说："哼，没钱，卖了裤子，也不能卖朋友送的字画！"

中国艺术研究院音乐研究所资料员、古旧书修复专家李文如先生家客厅挂的是王世襄、启功的字。李老和我说："我给王世襄修了一本书，我说，你帮我求一幅启功的字，他帮我求的。"

我说："有人出钱买你的，你卖了吧！"

李老说："不卖。"

我的教父级恩师、音乐学家田青在书房挂着一幅启功的字。因为是由赵朴初牵线专门为田青编的《中国佛乐大典》而写的，所以应该是独一份。他更愿意把这幅字看成岁月里的暖意，而不会换取更为实用的东西。

九十一岁的大歌唱家胡松华先生的书斋名"养气斋"，是启功取的，也是他写的字。胡先生聊起这位前辈也是心生感激，回忆满满。

当然，我也在交易场上见过启功的字，北京某酒店，两百块一张。店主承认是假的。而在山西的一些专业艺术品交易机构里，挂着启功的字，营业员信誓旦旦说是"真的"，我咨询好友，多被认为是假的。

不交易、流通，就产生不了"货币价值"。试图产生"货币价值"的，往往以假充真。启功曾答人问："那些假启功比我写得好！"这是真话吗？还是别有意味？

近半个世纪以来，启功的字形成了普通大众的共同审美，慢慢地浸入到中国民众的生活中。我反复揣摩所得：

形——规规矩矩中有清瘦标致的气质，不以肥硕臃肿示人；

体——亲亲和和里有不易察觉的孤傲，不以媚态讨巧求人；

笔——干干净净间有利落脱俗的潇洒，不以拖泥带水烦人；

气——雅雅致致地有书卷酝酿的骨感，不以邋遢烦琐腻人。

启功的字，面上有名气，里子含文气，透射出来的是骨气，弥漫眼前的是书卷气。

前不久，我和拉小提琴的林朝阳聊天，他说音乐是数理关系问题。后来我们扯到了麦当劳，林朝阳说："麦当劳的成功，就是能够把大众口味普遍覆盖到。如果不是商业成功，而仅仅是一个意大利人或者法国人的小店产品，世人绝对认为麦当劳可以载入米其林三星史册。我们不能贬低自己，但每次去机场看到麦当劳还是想来一个汉堡尝一尝。连我这样挑剔的人依然是带有尊重的，所以，应该说它是很棒的。”

启功把字写到“普遍覆盖到了大众审美”的层面。这不是他的初衷，至少不是他的目标，但他数十年使用毛笔写字，写出了中国字放在纸上“数理关系比例”的极致并有个性的创造。他的伟大，是和欣赏他的字的时代互动而逐渐奠定了今天这种格局的过程。字写得好，随处可见，且辨识度高，启功不经意间创造了一人一字体独步天下的时代。

但事实绝不止此。

启功，从来不把写字当成自己的专业所长，事实上也是如此，他算不得职业书法家。这可能很让那些以写字为职业的人没面子。但是中国书法的奥妙也正在于此。这如同听琴不是听高低音的排练组合，看戏不是看生旦净丑的进进出出，赏画不是赏黄绿黄的有效搭配，吃饭不是吃维生素蛋白质。我们需要什么？要有“味儿”。

“味儿”本来是诉诸嗅觉的，但是视觉艺术、听觉艺术，都强调“味儿”。这是怎么一回事儿呢？那就是在基本要求之上，还有一种超能力。

启功的字和小孩子使用的描红本不一样。描红本的字好不好？好，不好干吗让你描？但是，基本规范之后，还需要有对这种技能的独特理解。近年来看体育比赛，不仅仅看输赢，也看球员“阅读比赛”的能力。

启功怎么“阅读”书法？他“阅读”书法的能力有多强？“阅读”完了，自己训练自己，然后去创作书法。这个过程，比几代球员的年龄都长。所以，启功成了启功。

顶级球员“阅读”比赛的能力，或者说他们在赛场上的“神来之笔”，是不是与启功写书法有异曲同工之妙？私以为，一种技能玩到极致，绝不仅仅是技能本身。拿捏球的经常出现在新闻里，而拿捏字的启功是如何把字拿捏成顶级水平的？

我有过两年在北京师范大学求学的经历，那时候，校园里启功的字很多。正值盛年的启功的字较易求到，北师大的李强说："同学们去请启功先生写了字，直接拿糨糊贴到校园的墙上。"有人调侃，大家找启功写"公共厕所"四个字，他总能连"男、女"都给人家写好了。

我自己也试图把字写好，少年时代在姥姥家正房向阳的台阶上，用水写过些时日，但终究没有写好。一向激励我前行的李强编《启功全集》二十年，俨然成了研究启功的专家了。与李强交往久了，启功的故事听了很多，便随李强的理解去理解启功，于是也很想把自己没能写好字的理由找一找。于是，有关启功的话题就成了常说常新的话题。

沈从文是我的精神靠山，少年时以为是他温婉的文笔，中年后才觉得是他面对磨难时的态度。于是，我写了《沈从文家事》并得以出版。

启功的字肯定不是拿来炫耀的。如果你不理解启功，你手上真有一幅或几幅启功的字，那也就是茶余吹吹牛罢了，一者显示你有钱，再者显示你有派。

启功在他身处的"革命时代"，坚持了对传统审美的深深的爱。李强说："启功原地不动，那些运动派们轰轰烈烈、排山倒海地追求'正确'数十年，回头看见，启功守着的真善美，才是人生和社会最值得敬重的'正确'之所在。"

在此之前，田青和我闲聊时曾说过："咱们要是有条件，办个杂志，就叫《反'动'派》。"我觉得很好，就是保护传统文化的意思。

启功为什么能不为所动？因为他有真信。

影响到我见识和情感的，杨荫浏真信过，梁思成真信过，沈从文真信过。他们都反对"动"，希望对传统审视更用心些。他们努力过，也感到遗憾过。启功无疑可以列入这一行列，给世界以更多的启示。

于是，在李强的帮助下，我决定写《启功书事》。

"读书""买书""习书""教书""编书""著书"，以"书"为中心贯穿成了启功的一生。在这里我想表达的，启功不只是书法家，我想写出书法家之外的启功：教育家、书画鉴定家、红学家、古典文学和文献学教授。最重要的，他是在原地等“运动员”们醒悟的那个人。他曾等得寂寞，也曾等得喧闹。他等的这个过程，正是我们民族从狂热到冷静下来的过程。而启功始终是清醒的。

世界上，人人都清醒，该有多好？

这是我的幻想，也是我的渴望。我书写启功，其实就这点私心。

我不知道我做好了没有。但我一直在努力寻找“阅读前贤”的方式。

2021年12月12日于京西杨庄之北

昔日孩提如今老老大年年摄影墙头
挂看来究竟我为谁千差万别堪惊
诧貌自多般像惟一要故丢得此全
抛下闹门撒手遂风花由人顶礼由人
骂　踏莎行　自题小照
一九八四年十一月十八日书　启功

【第一编】

遗训记守

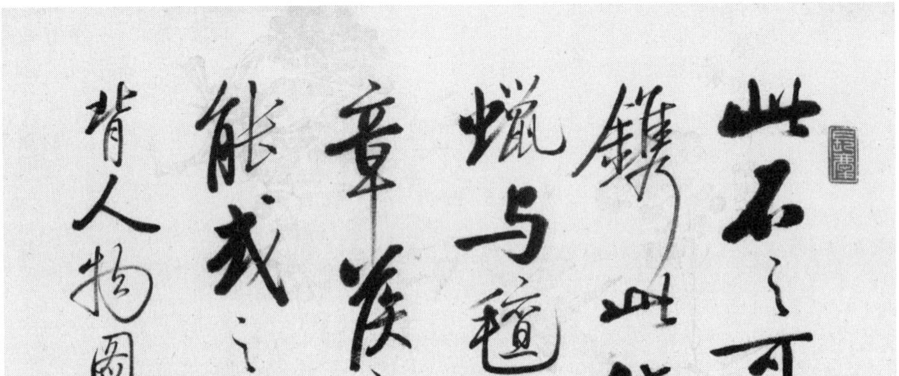

题精拓砚背人物图

满蒙两家祖上事 晚清半部宫斗史

启功姓启，全国独一个。启功祖上是爱新觉罗氏，再向前推，这个姓氏的一支早改姓金，而启功的这支没有改，于是有人敲门："我找爱新觉罗·启功。"启功谢客："这里没有这个人！"

即使启功本人烦姓爱新觉罗，烦姓金，但是人们仍津津乐道他与清朝皇族的关系。

启功的曾祖父溥良（1854—1922）比末代皇帝溥仪长五十二岁，但他们是同辈人。溥良本可以获得荫封，但他很早便意识到靠家族发迹的弊端，遂决然请辞封爵，下科场考取功名。1875年（清光绪元年），溥良考中举人，1880年（光绪六年）考中二甲第二十七名进士。之后，他先后在广东、江苏等地任学政，也曾在礼部、户部等中枢机构任职。

溥良对教育有自己的心得。他在《南菁札记·序》中说：

> 大凡学必视其性所近，而事半功倍；不率性以为学，实者滞于虚，华者漓于朴，势必至倍其事、半其功不止。善为学者，先试其学之所好，然后知其性之所近。性近则喜悦，反是则厌倦。遇有厌

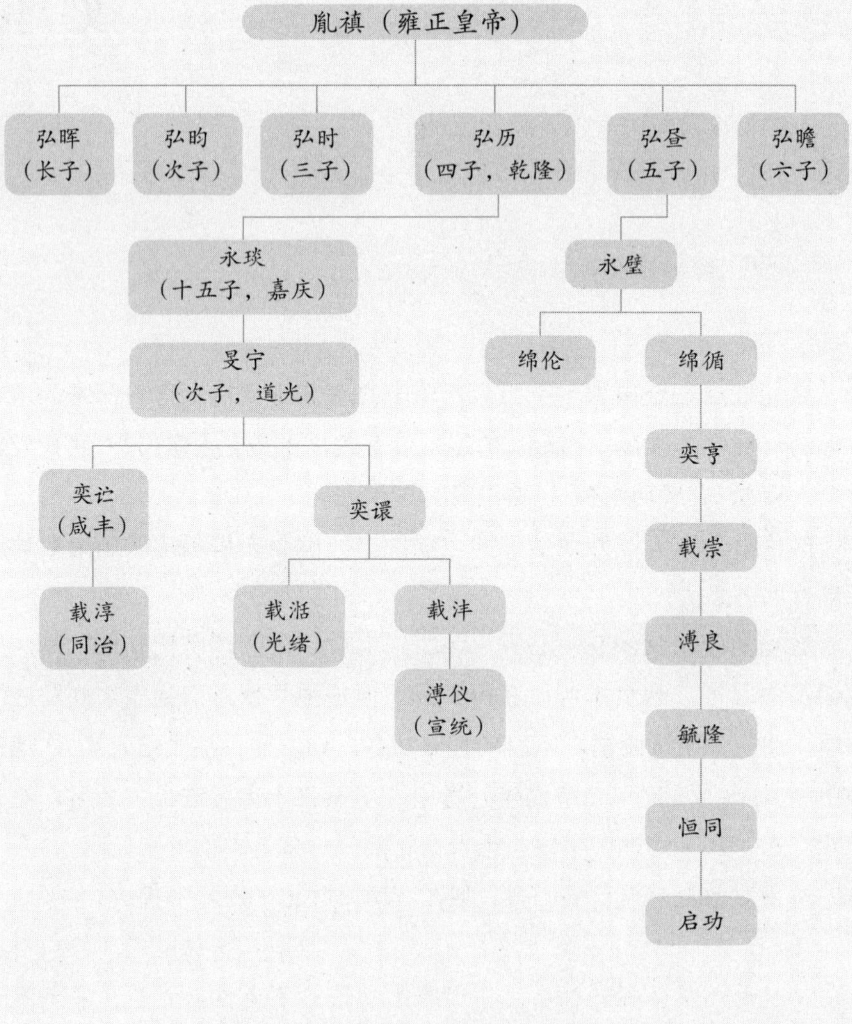
胤禛（雍正皇帝）
弘晖（长子）
弘昀（次子）
弘时（三子）
弘历（四子，乾隆）
弘昼（五子）
弘瞻（六子）
永琰（十五子，嘉庆）
永璧
旻宁（次子，道光）
绵伦
绵循
奕詝（咸丰）
奕譞
奕亨
载淳（同治）
载湉（光绪）
载沣
载崇
溥仪（宣统）
溥良
毓隆
恒同
启功

倦，则虽善不信，勿与之相强，而别易一术以试之。屡易数术以递试之。试之而果有所好，好之而碻（确）有所信，则厌倦之念日益袪（去），喜悦之趣日益深，而为学之事功日益懋。于是朴者致力于实，华者游神于虚……

溥良对书法艺术也有自己的研究。他在一个扇面上留下话说：

正书之难，古今同舌，然汇而成编者，盖希觏矣。是集圣卿究心，二十余年，所所取一准八法六书，访逸发潜，远稽近考，自宋学士而下诸名家，显晦毕录，虚白于右，以俟遗珠。使国朝历年人文之盛焕然可睹，讵不为临池指南哉？古帖小楷搨本绝少佳者。盖字形合竗，摩勒入神，非好事者，洎高手不能。

1908年，五十四岁的溥良担任礼部尚书。启功回忆说：

他在任礼部尚书时正赶上西太后（慈禧）和光绪皇帝先后“驾崩”。作为主管礼仪、祭祀之事的最高官员，在西太后临终前要昼夜守候在她下榻的乐寿堂（据史料记载当作仪鸾殿）外。其他在京的、够级别的大臣也不例外。就连光绪的皇后隆裕（她是慈禧那条线上的人）也得在这边整天伺候着，连梳洗打扮都顾不上，进进出出时，大臣们也来不及向她请安，都惶惶不可终日，就等着屋里一哭，外边好举哀发丧。西太后得的是痢疾，所以从病危到弥留的时间拉得比较长。候的时间一长，大臣们都有些体力不支，便纷纷坐在台阶上，哪儿哪儿都是，情景非常狼狈。就在宣布西太后临死前，我曾祖父看见一个太监端着一个盖碗从乐寿堂出来，出于职责，就问这个太监端的是什么。太监答道：“是老佛爷赏给万岁爷的塌喇。”“塌喇”在满语中是酸奶的意思。当时光绪被软禁在中南海的瀛台，之

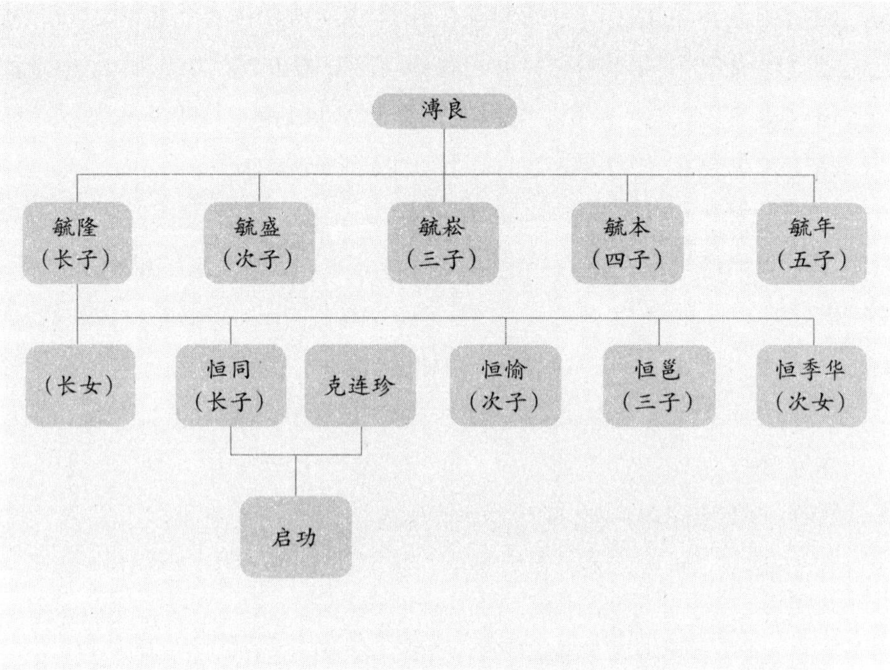

前也从没听说过他有什么急症大病，隆裕皇后也始终在慈禧这边忙活。但送后不久，就由隆裕皇后的太监小德张（张兰德）向太医院正堂宣布光绪皇帝驾崩了。接着这边屋里才哭了起来，表明太后已死，整个乐寿堂跟着哭成一片，在我曾祖父参与主持下举行哀礼……但光绪帝在死之前，西太后曾亲赐他一碗“塌喇”，确是我曾祖亲见亲问过的。这显然是一碗毒药。而那位太医院正堂姓张，后来我们家人有病还常请他来看，我们管他叫张大人。①

溥良去世的时候，启功已经十岁了，这些家庭内部的传说应该不是空穴来风。所以，启功的曾祖不仅书读得好，有教育思想，而且亲历了清王朝的衰亡。

溥良的长子毓隆，出生于1872年，1889年（光绪十五年）考中举

①启功：《启功自传》，北京师范大学出版社，2013，第19—20页。

人，1894年（光绪二十年）考中进士。1902年（光绪二十八年），毓隆充任四川乡试正考官；之后曾做过国子监祭酒、翰林院学士、安徽学政；1911年（清宣统三年）任典礼院学士，陪大清王朝彻底地走到了尽头。

毓隆的长子恒同1895年出生，十八岁就亡故了。

启功1912年出生时，曾祖父溥良五十八岁，祖父毓隆四十岁，父亲恒同十七岁。可是，未及启功有所记忆，父亲就去世了，是祖父和曾祖父带着启功成长的。对于启功，这两位前清进士寄予的期望，便不再是做官。这个家庭会在乎做官吗？他们在乎的是文人的那点修养。

启功母亲克连珍的家族又有怎样的背景呢？

克连珍的曾祖叫阿鲁特·赛尚阿，属蒙古正蓝旗人，历清乾隆、嘉庆、道光、咸丰、同治、光绪六朝，乃朝廷重臣。赛尚阿是位儒学大家，曾担任过咸丰皇帝的老师，编纂有《蒙文汇书》《蒙文晰义》两部辞典，位至首席军机大臣。

1851年，洪秀全在广西金田起义。因地方官员处办不力，清廷起用林则徐，可林则徐未及到任便病故了。咸丰帝非常担忧，遂赐“尚方宝刀”给赛尚阿，任命他为“钦差大臣”前去广西。然而，当时的太平军正处于蓬勃发展的时期，势如破竹。赛尚阿虽转战围剿，小有收获，但最终在永安、长沙战役中屡屡失利。为此，清廷将他革职拿问，押解回京，“论大辟，籍其家，三子并褫职”。

赛尚阿的长子叫崇绮，1864年（同治三年）曾入保和殿参加殿试。阅卷大臣们当时选出前十的试卷交同治帝亲览。但是，同治帝年仅十岁，于是由两宫皇太后——慈禧和慈安代行。慈禧翻阅完试卷，就点了状元，慈安没有意见。拆封后，一甲一名就是这位崇绮。在整个清代二百七十余年间，满族人和蒙古人能成为状元的，只有崇绮一人。1870年（同治九年），崇绮升为侍讲，再后来任起居注官，日日侍奉在皇上身边。

崇绮的妹妹之后成了同治皇帝的妃子，而崇绮的女儿后来也嫁给同治皇帝，成了孝哲毅皇后。这位皇后便是启功母亲克连珍的姑姑。

紫葡萄(1992年)

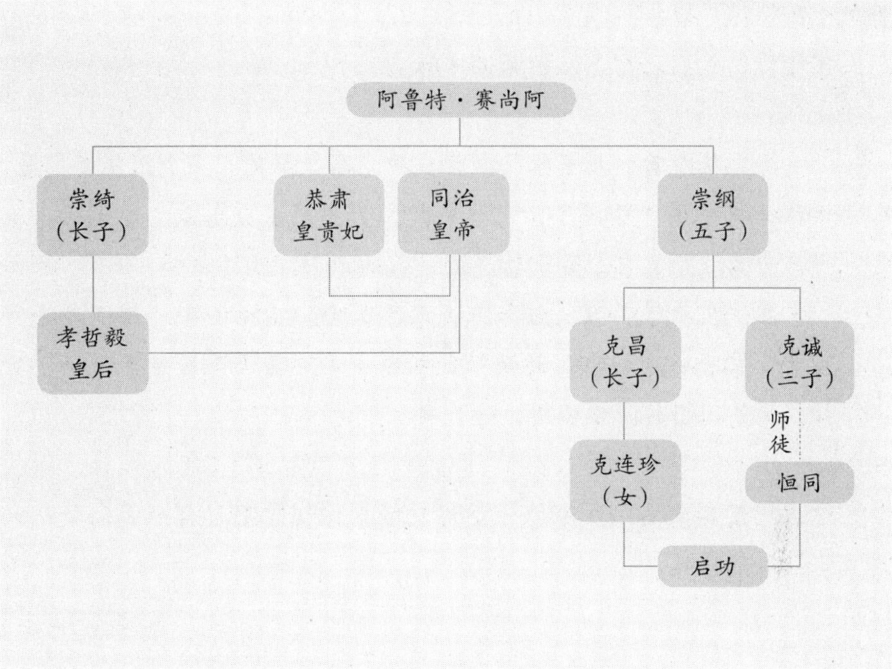

而这荣耀并没有给这个家族再带来荣光。同治帝二十三岁去世后，慈禧为了继续掌权，便立了与同治同辈的光绪做皇上。这样，留给孝哲毅皇后的便只有死路一条。万般无奈之下，崇绮给女儿出了主意，孝哲毅皇后最终绝食而死。

1885年（光绪十一年）之后，崇绮虽有“吏部尚书”等头衔，但仍以患疾为由请辞归养。有数年时间，崇绮厌烦了官场，安心在家，醉心于书画，但每每想起女儿的事，自是怅然。1898年戊戌变法失败后，崇绮在宫斗中再得慈禧欢心，成了大阿哥的师傅，从此迎来人生第二春。

1900年“八国联军”进犯北京。慈禧偕光绪帝、大阿哥和一些王公大臣西逃。起初，崇绮随西太后西行，算是护驾。但行至保定附近，车轴断了，他只好暂住在保定的莲池书院。就在这时，他收到儿子写来的《叩慈严亲禀》，知道自己的妻子、儿子带着全家自杀殉国。悲愤之下，崇绮写下绝命辞：“圣驾西幸，未敢即死，恢复无力，以身殉之。”写罢，他就上吊自尽，以身殉国了。

多年以后，启功写下《贺新郎·咏史》：

古史从头看，几千年，兴亡成败，眼花缭乱。多少王侯多少贼，早已全都完蛋。尽成了，灰尘一片，大本胡涂流水账，电子机，难得从头算。竟自有，若干卷。

书中人物千千万。细分来，寿终天命，少于一半。试问其余哪里去？脖子被人切断。还使劲，龂龂争辩。檐下飞蚊自生灭，不曾知，何故团团转。谁参透，这公案？①

这大约便是父母两个家族带给启功的那份伤感吧！有点“白茫茫大地真干净”的意味。

①启功:《清空如话》,北京师范大学出版社,2013,第83页。

父子前朝二进士
姑嫂零余俩寡妇

启功的外曾祖，就是崇绮的弟弟崇纲。崇纲的长子克昌生了个女儿，叫克连珍，这就是启功的母亲。克连珍很小的时候，母亲便去世了，未待成年，父亲也去世了。于是克连珍跟着叔叔克诚一家过。克诚的祖上也辉煌过，但是到了克诚的时候，只能在京城各私家“书馆”当教习了，类似《红楼梦》里的贾雨村在林府的角色。

克诚有一个学生，就是启功的父亲恒同。当时克诚家里住着哥哥的孩子克连珍，于是克诚做媒，促成了恒同与克连珍的姻缘。这时大约是在1910年到1911年。

恒同、克连珍这对满蒙望族新人成婚的时候，还是大清王朝。可惜，当时的清王朝已气息奄奄。1911年（宣统三年），辛亥革命爆发。1912年2月12日，清王朝再也没有了前进的动力，隆裕太后代末代皇帝溥仪颁布《退位诏书》，退居养心殿，大清王朝彻底退出了历史舞台。

1912年7月26日（农历六月十三），恒同、克连珍的儿子出生了，取名启功。他们还没有欢喜够呢，悲剧就接着来了。启功刚满一周岁，肺病夺去了恒同的性命。所以，痛苦的不是他的儿子，而是他的妻子。启功后来感慨道："我的母亲命真苦。在娘家时孤单单的，没有兄弟姐妹，父母死得又早。后来又嫁给我孤单一人的父亲，不想丈夫又很快死去，又变成孤寡人。"

恒同死时，他的父母、爷爷都还健在。启功写道：

> 首当其冲的当然是我的母亲。她在娘家就是孤单一人，后来还不得不寄居在别人家。好不容易盼到有了自己的家和自己的亲人，不管我父亲日后能取得多大的功名和事业，能挣多少钱，总算有一个踏踏实实的依靠，现在这个属于自己的依靠突然又没了，又要过一种新的寄人篱下的生活：公婆当然不会让她饿着、冻着，特别是又为他们生下了一线单传的孙子，但每月能得到的至多是几吊钱，而面临的将是无边的孤独与苦难，那日子的悲惨与艰辛是可想而知的。于是她首先想到的是死，哭着喊着要自杀，我的祖父怎么劝，她也不听，最后只能用我来哀求她："别的都不想，得想想自己的儿子和我的孙子吧？他还得靠你抚养成人啊！"这样她才最终放弃了一死了之的念头，决心为我而苦熬下来。①

家里这时除了曾祖父、祖父，还有一位未出阁的姑姑——恒季华。"恒"是辈分字，不是姓，大约是按照古时兄弟排行的方式，以伯、仲、叔、季作次序，给启功最小的姑姑名字里嵌入了"季"字。

这位恒季华的命运如何呢？启功回忆说：

> 我的大姑早早出嫁，二姑叫恒季华，早年也定下婚事，没想到男方早早死去。按当时最严格的封建制度，既已许配，就不许再嫁，于是我二姑就成了"望门寡"，更是一个苦命的人。她许配的那一家也是我们的熟人，有时我们去串门，她也要有意地回避。其实古人

①启功：《启功自传》，北京师范大学出版社，2013，第29页。

启功十岁时与祖父(左)、姑祖丈合影

在妇女再嫁的问题上并没有那么多的清规戒律，再嫁是很平常的事，比如众所周知的李清照。可笑的是不但有些古人，甚至有些现在人，还在责备李清照的再嫁，认为这是她人生的一个污点或遗憾；有些人虽不这样正面谴责，却在极力地为李清照“辩诬”，说她并没有改嫁，思想深处还是认为改嫁是一件不光彩的事。其实，这在宋代是常见的事。这都是程朱理学及其后代末学对妇女变本加厉的迫害，也是我最反对朱熹之流的原因之一。民国后，这种制度虽然有所松懈，但我的姑姑年龄也大了，于是她终身未嫁，决心帮助我母亲一起抚养我这个两代单传的孤儿。①

家里连连发生不幸、不祥的事儿，为了让三世单传的启功成活下来，家人在启功三岁的时候把他带到雍和宫，让他拜师，皈依了“喇嘛教”。这和太行山乡民让初生儿拜盲艺人为“干爹”、戴“锁”是一样的愿望。

一边是佛陀的佑护，一边是传统文化的滋养。在启功童年的生活里，家里有父子两位进士、姑嫂两位寡妇。父子两位进士是曾祖父和祖父，姑嫂两位寡妇是母亲和姑姑。他们盼望着启功学有所成。虽然考进士的梦是无须做了，但是“有文化”这一点不动摇！父子俩曾经是清廷重臣，而今却生活在社会边缘。无论如何，他们所有人的希望都寄托在了启功身上。

这两位前清进士，生活在完全变革了的“中华民国”，但前朝的文化观念和价值判断折射到民国子民启功的童年中，会给他带来怎样的影响呢？首先是两位进士醉心的看家本领：读旧书，写旧体诗。这好比家常游戏。曾祖溥良最懂得“因材施教”，祖父毓隆自然也不会不懂得这个道理。因此，启功耳濡目染的，仍是古旧气息。于是，“家学”慢慢地渗透进了启功的血肉，似乎成为他与生俱来的东西。诗词技巧、琴棋书画、家族兴衰、前朝宫斗，启功从能听懂话开始，听到的大体就是这些。这

①启功：《启功自传》，北京师范大学出版社，2013，第26页。

为他日后点校《清史稿》和《红楼梦》打下了坚实的基础。然而，与掌握知识相比，启功对于传统文化的浓厚兴趣显得更为关键。在《启功口述历史》中，启功回忆说：

我的祖父特别疼爱我，他管我叫“壬哥”。我从小失去父亲，所以他对我的教育格外用心。我祖父的字写得很好，他又把常用字用漂亮标准的楷书写在影格上，风格属于欧阳询的九成宫体，我把大字本蒙在上面，一遍一遍地描摹，打下了日后学习书法的基础。这些字样我现在还留着。他还教我念诗。至今我还清楚地记得他用一只手把我搂在膝上，另一只手在桌上轻轻地打着节拍，摇头晃脑地教我吟诵东坡《游金山寺》诗的情景：

我家江水初发源，宦游直送江入海。
闻道潮头一丈高，天寒尚有沙痕在。
中泠南畔石盘陀，古来出没随涛波。
……
江山如此不归山，江神见怪警我顽。
我谢江神岂得已，有田不归如江水！

他完全沉醉其中，我也如此，倒不是优美的文辞使我沉醉，因为我那时还小，并不理解其中的含义，我祖父也不给我逐句逐字地解释，但那抑扬顿挫的音节征服了我，我像是在听一首最美丽、最动人的音乐一样，这使我对诗产生了浓厚的兴趣。如果说我日后在诗词创作上取得了一定成绩，那么，可以说是诗词的优美韵律率先引领我走进了这座圣殿。当然随着学历与阅历的增加，我对这样的诗也都有了深刻的理解，所以这些诗我至今仍能倒背如流。祖父所选的诗有时显然带有更深的寓意。我记得他教我读过苏轼的《朱寿昌郎中，

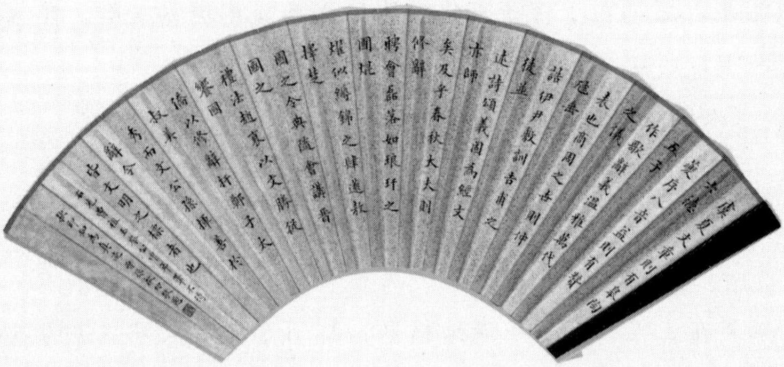

溥良书写的扇面

毓隆画的扇面

恒同的墨迹

少不知母所在，刺血写经，求之五十年，去岁得蜀中，以诗贺之》：

嗟君七岁知念母，怜君壮大心愈苦。
羡君临老得相逢，喜极无言泪如雨。
不羡白衣作三公，不爱白日升青天。
爱君五十著彩服，儿啼却得尝当年。
……

这首诗后面还有很多典故，前面的这些描写与我的具体情况也不尽相合，但祖父的用心是非常明显的，我也是十分清楚的，就是叫我从小知道当母亲的不易，应该一直热爱母亲。这样的诗，我怎敢不终身牢记呢？

还有对我产生深刻影响的，就是他经常让我看他画画。我至今还清楚地记得当时的情景和感触：他随便找一张纸，或一个小扇面，不用什么特意的构思安排，更不用打底稿，随便地信手点染，这里几笔，那里几笔，不一会儿就画好一幅山水或一幅松竹。每到这时，我总睁大眼睛，呆呆地在一旁观看，那惊讶、羡慕的神情，就像所有的小孩子看魔术表演一样，吃惊那大活人是怎么变出来的？在我幼小的心灵里，我觉得这是一件最令人神往、最神秘的本领。因此从小我就萌发要当一个画家的想法。我想，能培养人的兴趣，激活人的潜质，激励人的志向的教育才是最成功的教育。我虽然没有直接跟我祖父学绘画的技巧和笔法，但我学到了最重要的一点——爱好的发现和兴趣的培养，这是最重要的，这就足够了。①

《启功全集》的编辑李强先生在接受笔者采访时说："启功的祖父特别喜欢苏东坡，留下的几十件手札里头有一半是关于苏东坡的。启先生

①启功:《启功自传》,北京师范大学出版社,2013,第34—36页。

右董文敏書羅景綸語及東坡養生言二段，款稱書於詹府署中，按公崇禎四年再起為禮部尚書掌詹事府事，居三年，屢疏乞休，此冊書於癸酉，為崇禎六年，公年七十九歲，翌年即致仕，意存引退，故念山居之樂，景迫桑榆，故慕養生之言，信手為書，心曲若揭，不待察其筆法，徵於題跋，已可識其為文敏興到寓意之作，矧夫其筆姿墨彩，紛披灑落，又具超神入化之妙乎，夢樓論書，每拈品韻，不尚考據，跋中雖以為不經意書，而又歎其蒼深渾雅，天真爛漫，實能道出文敏精詣，快雨堂題跋中，跋董書之作亦最多，蓋知文敏者，莫夢樓若矣，今烽火之餘，名迹日燼，海王邨畔，邂逅此冊，不啻足音跫然，其紙質密栗，鄰於宋藏經箋，尤可愛也，甲申中秋七月，元白啟功記於燕市寓廬。

董文梅书罗景纶语及东坡养生言跋

四五岁时，祖父把他放到膝上背苏东坡的诗，虽然他不懂，但他说那个音韵的铿锵就已经是节奏了，最后诌一句诗音韵不是铿锵的就受不了。这就是所谓的童子功，这就是所谓的熏陶。每到苏东坡诞辰，启先生说：‘天仙地仙太俗，真人唯我髯苏。’这是他评价苏东坡，我个人认为这才叫崇拜！直接说苏东坡是天仙、地仙，那不见得是崇拜，心里面没有打算跟着走。启先生喜欢苏东坡，你看苏东坡的幽默劲儿，你看启先生的诙谐劲儿，那都是一个人要对付他的生活要完善自己人格。”①

那两位姑嫂寡妇呢？她们都是命运的弃儿，虽说都出身名门，婚前亦未受过饥馁，但是她们那代大户人家的小姐哪敢奢望“桃花运”？嫁个好人家就不错了。可她俩的“婚姻运”实在太差了，两个男人早早弃她们而去，隅于观念，她们就此结束了两性之爱，成为人生欢乐的“零余人”。

姑姑恒季华勇敢地担当起了“父亲”的角色。李强先生说：“启功妈妈可怜，瘦小，而姑姑是大块头！20世纪50年代，启妈妈穿的是对门襟，而恒姑姑穿着四个口袋的男性化的干部服。这俩人都是不幸的人，人生低潮、灰暗，但她们精神上一定有互相抚慰。这是必然的。”启功回忆说：

> 我对姑姑非常尊敬，旗人家没出嫁的姑娘地位很高，而我姑姑又决心终身不嫁，帮助我的寡母抚养我，把自己看成支持这个家的顶梁柱、男人，所以我一直管他叫爹爹。做为家长，她明白，要改变我和我家的窘状，首先要抓对我的教育和培养，使我学有所成。我姑姑虽然没有太高的文化，但还是想尽一切办法，尽力教我一些简单的知识，比如把常用字都写在方寸大的纸片上，一个个地教我读写，有如现在的字卡教学，虽然不十分准确，但常用字总算都学

①《李强聊启功（一）》未刊稿，刘红庆2018年1月22日采访于北京师范大学出版社，弓宇杰根据录音整理。

会了。[①]

一个没落了的家庭是不是毫无乐趣？未必。清朝积淀两百多年的文化，不会一夜之间消散。不唯金戈铁马，不唯宫廷春秋，不唯忠臣悲剧，还有点点滴滴的生活趣味，注入了启功的童年。

启功认为，清代的“子弟书”是可以和唐诗、宋词、元曲、明传奇相媲美的独属于清代文化的“艺术创造”。它不停留在纸面上，而是活态传承在街巷的表演艺术，可惜民国不稀罕这玩意。于是，启功说：

> 我在十岁以前，所见“杂耍”场面上已经没有子弟书的位置了，只有家里常来的两位老盲艺人能唱。这种盲艺人，称为“门先儿”，即是做门客的先生。当时对盲人统称“先生”，说快了成为“先儿”。这些门先儿常在书房、客厅中陪着宾主坐着，有时参加谈天，有时自弹自唱。他们多能喝酒，会说笑话，会哄着小孩用骨牌“顶牛儿”，可以说是一些“盲清客”。每当他们拿起乐器来唱，我听到如果是唱子弟书，立即跑开玩去，可见这种唱法的沉闷程度。在我幼年时，北京能唱子弟书的老艺人，只剩了两位……[②]

于是，在启功童年，家里除了两个寡妇操持家务之外，还有两个进士说古、两个“盲清客”唱曲儿，共同把记忆引回前朝。

---

①启功:《启功自传》,北京师范大学出版社,2013,第34页。

②启功:《两种文体》,北京师范大学出版社,2013,第9页。

私塾几迁淘淘乐　丧主数度叠叠悲

在启功出生之前，“现代教育模式”早已经在北京悄然兴起。1864年，美国基督教会公理会创建的“男蒙馆”，1900年更名为“私立育英学校”，这就是“灯市口小学”的前身。1868年，巴氏觉罗学堂创立，招收清朝贵族和达官贵人子弟，即“前门小学”的前身。1871年，“美以美教会学校”创办，几经发展，是汇文第一小学的前身。1883年，“镶蓝旗官学”创设，后几易其名，便是现在的宏庙小学。1904年，“顺天府高等小学堂”和“内务府三旗初等第六小学堂”成立，前者是“府学胡同小学”的前身，后者是“黄城根小学”的前身。1906年“方家胡同小学”创立。1909年“回民实验小学”和“国立北平女子高等师范学校附属小学校”创立，后者即现在的“北京市第二实验小学”，1912年就开始兼收男生了。

到启功出生的1912年，国家以全新面貌开始迎接现代文明。就教育而言，以儒家为传统的教育模式瓦解了，以背诵《四书》《五经》为目的的“读经课”全部废止，当时最具典型意义的观点，是蔡元培的《文选对于教育方针之意见》。蔡元培任中华民国临时政府教育总长时，曾强烈

20世纪50年代启功和家人合影（自左至右：启功、夫人章宝琛、母亲赵连珍、姑姑恒季华）

批判清王朝“忠君”“尊孔”的钦定封建主义教育宗旨，明确指出：“忠君与共和政体不合，尊孔与信教自由相违。”蔡元培提出了培养共和国国民的思想，为此在全国实施“五育”教育方针。所谓“五育”，即军国民教育、实利主义教育、公民道德教育、世界观教育和美育。

用今天的眼光看，“五育”中的后三项较好理解，而军国民教育和实利主义教育则不易理解。军国民教育（军事体育）的观念是“全民皆兵”思想。因为“中国外有‘强邻交逼，亟图自卫，而历年丧失之国权，非凭借武力，势难恢复’，内有封建军阀专政”，于是必须实行“举国皆兵”来制衡国内外的反动势力。至于“实利主义教育”，蔡元培认为，这就是“智育”，是发展国家经济的重要手段。“我国地宝不发，实业界之组织尚幼稚，人民失业者至多，而国甚贫。实利主义之教育，固亦当务之急者也。”他将物理、化学、博物学、算学、地理、金工、木工等都列入实利主义教育的范围，在课程设置中占有较大比重。

体育、智育置于道德、美育之前。这确实是“五四”前后中国杰出知识分子的共识，其目的是“救亡图存”。

从现代教育这个背景下看，启功所受的教育就有点“迂腐”了。在保守的旧式家庭教育中，除了美育之外，一切好像都与外界脱节。“家学”固然深厚，可是，这“家学”有用吗？对比蔡元培的“五育”，启功的“家学”估计和“美育”沾点边，而“道德”教育和蔡元培倡导相比，也差点意思了吧？

启功回忆说：

> 除了接受家庭教育之外，上小学之前，我也读过旧式私塾。先在后胡同一亲戚家的私塾里跟着读，后来又跟着六叔祖搬到土儿胡同，对面是肃宁府，那里也设过私塾，我在那儿也读过。当时那里有一个教四书五经的，一个教英语的，也称得上是中西合璧了。但我们家属于旧派，不能跟着念外语，学洋学。进私塾先拜“大成至圣先师孔子之位”，还要拜主管文运的魁星。一般的教学过程是先检查前一天让背的背下没有，背下来的就布置点新内容接着背，没背下来的要挨打，一般打得都不重，有的不用板子，就用书，然后接着背，直到背会为止。小孩子的注意力不能长期集中，背着背着就走神发愣，或说笑玩耍起来，这时老师就会大声地斥责道：“接着念！”那时，我属于年龄最小的，只好从《百家姓》读起，比我年龄大的就可以读“四书”“五经”了。有时，我看他们背得挺热闹，便模仿着跟他们一起背，但又不知道词儿，就呜噜呜噜地瞎哼哼。这时，老师就过来拿书照我的头上轻轻地打一下，训斥道：“你背的这是什么啊？净跟着瞎起哄！”诸如此类的淘气事，我也没少干过。不过，有的老师也懂得“教学法”。我有两个叔叔，一个用功，背得很好，净得老师夸奖；一个不用功，背不下来，净挨罚。老师就指着

他对我说："你看，像他那样不用功，怎么背得下来，就得挨罚！"这种现身说法，有时还真对我有些激励作用，但日久天长也就失效了。[①]

在北京如此开风气之先的地方，启功似乎仍生活在前清。这是1916年到1922年之间的事情，正是轰轰烈烈的五四运动时期。然而，在启功所受的教育中，我们看不到五四新文化运动影响到他的痕迹。

外面热热闹闹，而在启功家里则冷冷清清。到了1922年，启家便不是一个"悲悲切切"所能写尽酸楚的。

农历辛酉年大年三十，启功刚过七十的曾祖父溥良去世了。转眼壬戌年正月初四，启功的叔曾祖母去世。正月十七，启功的二叔祖去世。三月初三，继祖母去世。七月初七，祖父去世。

"忽喇喇似大厦倾，昏惨惨似灯将尽"，这是启功十岁时的真实写照。他后来回忆说："十年前我父亲死，我是孝子，现在曾祖死，我是'齐衰五月曾孙'，即穿五个月的齐衰丧服——一种齐边孝服。祖父、祖母死，我是独长孙，在发丧的时候，我都要做丧主、'承重孙'，因此我在主持丧事方面有充分的经验。但这对于一个十岁的孩子，精神上的负担和打击也过于沉重了！"

沉重，也是因为生活无着。启功回忆说：

不到一年连续死了这么多人，但对我打击最大、最直接的是祖父的死。我父亲的死，使我母亲和我失去了最直接的指望，但好在还有我祖父这层依靠，他冲着自己惟一的亲孙子，也不能不照管我们孤儿寡母。现在这层依靠又断了，而且整个家族确实到了山穷水尽的地步。我们生活的最基本保证——吃饭和穿衣都成了最实际的

①启功：《启功自传》，北京师范大学出版社，2013，第37页。

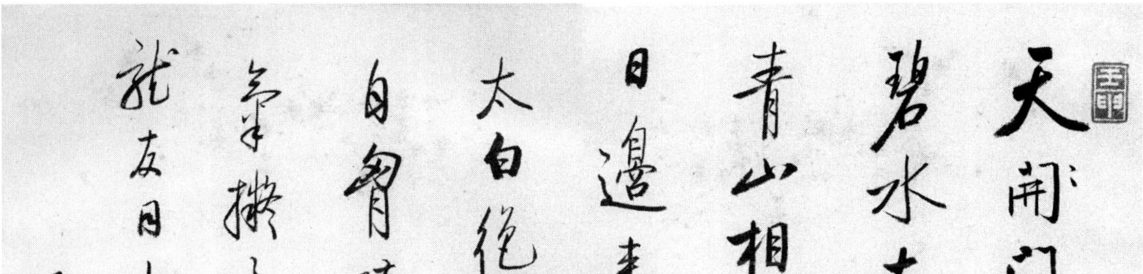
天開门中斷楚江開
碧水东流直北回两岸
青山相對出孤帆一片
日邊来
太白绝句器宇恢宏抒
自胸臆後人以發風韵
氣揮之應為謫仙所哂
龍友同志正腕 一九九二年夏
啟功

题赠友人（1992年）

问题。[①]

1912年2月12日，溥仪退位前，隆裕太后代表清王朝签署的《清室优待条件》中有“大皇帝辞位之后，尊号不废，共和国待君主之礼永远相待。大皇帝辞位之后，月月所用四百万元，由共和国专款拨用”等优惠政策。所以一直到启功十岁了，早就和皇族脱离干系了，却被“宗人府”授予一个“三等奉恩将军”的爵位。那什么是“宗人府”呢？原来，这个机构在明朝就出现了。它是管理皇家宗室事务的专门机构，负责“掌管皇帝九族的宗族名册，按时编纂玉牒，记录宗室子女嫡庶、名字、封爵、生死时间、婚嫁、谥号、安葬的事。凡是宗室陈述请求，替他们向皇帝报告，引进贤才能人，记录罪责过失”。

当时，宗人府的管事人见启功可怜，动了恻隐之心，遂给了他爵号。实际上，清廷覆灭，启功一文钱、一两米的俸禄都没有领到过。

好在天无绝人之路，帮助启功继续读书的人，恰在启功最难的时候，隆重登场了！

---

①启功:《启功自传》,北京师范大学出版社,2013,第38页。

祖上恩荫孤与寡　校中谋生商与文

启功童年时代学的那些东西，在当时已经不合时宜了。所以，他说自己的家庭是保守的、守旧的。两进士值得夸耀的时代在1904年就已走到了尽头，那是清王朝最后一次科举考试。

那年头，清廷已经到了朝不保夕的境地，但慈禧七十大寿将至，于是便想着让这场考试有点喜头。当慈禧翻开科考第一名——广东人朱汝珍的卷子时，感觉确实不错，但名字令她不爽。其一，“珍”字让她联想到支持光绪皇帝改良的珍妃；其二，籍贯广东让她想到维新派代表康有为、梁启超以及革命派孙中山。于是，慈禧把朱汝珍的卷子翻过，看第二名。这就是直隶刘春霖。于是，刘春霖因名字吉祥，成了清朝的最后一个“状元”，而朱汝珍成了最后一个“榜眼”。最后一个“探花”也是广东籍人，叫商衍鎏。

这最后一代进士中，三甲赐同进士出身第三十五名的四川人邵从煾后来成了启功命中的贵人。他是启功的祖父毓隆任四川学政时的门生。而他另一位学生唐淮源，是四川乐山牟子乡人，1902年中举，1926年迁居北平，后来返乡在乐山乌龙寺化城亭留下名联：“连天水远青三汇；匝地荫浓绿四围。”

这两位古道热肠的四川人或在北京亲见老师毓隆家的悲惨处境，或在外地了解到老师家的全部不幸，尤其惦念老师唯一的嫡孙启功的生计与学业。于是，一场慈善募捐在毓隆的学生圈里开始了。启功回忆说：

> 那募捐词上的两句话至今让我心酸，它也必定打动了捐款人："孀媳弱女，同抚孤孙。"孀媳是指我的母亲，弱女是指那没出嫁、发誓帮助我母亲抚养我的姑姑。结果共募集了两千元。邵老伯和唐老伯用这两千元买了七年的长期公债，每月可得三十元的利息，大体够我们一家三口的基本花销了。而邵老伯和唐老伯就成了我们的监护人……我从十一岁到十八岁的生活来源以至学费靠的就是这笔款项了。①

邵从煾、唐淮源不仅募集钱帮助启功，还操心少年启功的学业。邵从煾要求启功每周都带着作业到他家里回课，并提出新的要求。如果是启功玩耍忘记了去找邵从煾回课，邵从煾就专程上门来检查功课。可见，这个四川人不是应付一下场面，而是真把恩师去世后留下的一份责任，担在了自己肩上。

唐淮源更为启功的点滴进步而骄傲。启功回忆说：

> 一次，我把自己刚作的、写在一个扇面上的四首七律之一呈给他，诗题为《社课咏春柳四首拟渔洋秋柳之作》："如丝如线最关情，斑马萧萧梦里惊。正是春光归玉塞，那堪遗事感金城。风前百尺添新恨，雨后三眠殢宿酲。凄绝今番回舞袖，上林久见草痕生。"这首诗写得很规整，颇有些伤感的味道，不料，唐老伯看到我的诗有了进步，竟感动地哭了，一边哭，一边说："孙世兄（这是他对我客气

①启功：《启功自传》，北京师范大学出版社，2013，第38页。

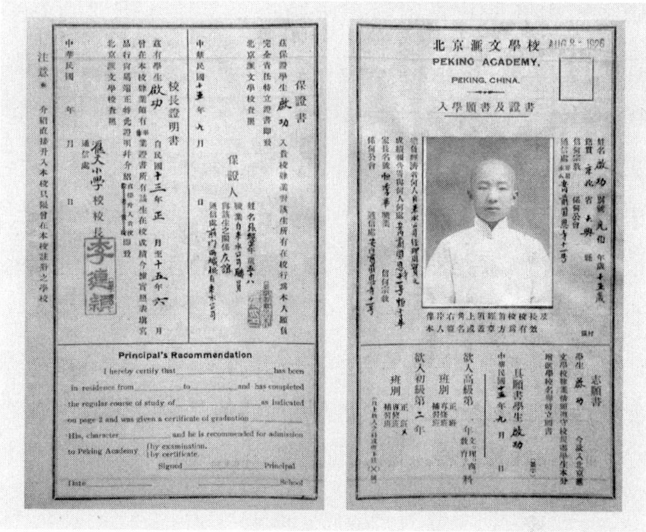

北京滙文學校
PEKING ACADEMY,
PEKING, CHINA.
入學願書及證書

保證書

校長證明書

Principal's Recommendation

志願書

启功就读汇文小学时的入学志愿书及证书

的称呼）啊，没想到你小小的年龄就能写出这样有感情的好诗，你祖父的在天之灵也会高兴的。不过，你不要太伤感了，你要保重啊。”听了他的一番话，我也感动得潸然泪下，那情景今天还历历在目。这都激励我要更好地学习，来报答他们。[①]

邵从熠的儿子邵一桐后来娶了唐淮源的女儿唐小妹，启功和两家恩公及其后人都保持了一辈子的友好关系。

正是有了这些帮助，十二岁的启功后来进了洋学堂。他回忆说：“我十二岁才入小学，之后又入中学。其间平平淡淡，没有留下什么特别的印象，甚至有些起止升转的过程、细节都记不清了，所幸有热心的朋友找到了我读小学和由小学升中学的文凭。文凭所记当是最准确的。我上的马匹厂小学，属于汇文学校，是汇文的一所附属小学。”

汇文学校的历史悠久，最早可追溯到1871年“美以美教会学校”在

①启功:《启功自传》,北京师范大学出版社,2013,第39页。

崇文门内亚斯礼堂附设蒙学馆——“培元斋”。1885年，学校定名为“怀理书院”。1888年，改名汇文书院，设文、理、神、医、艺术等学科。1904年更名为汇文大学堂。1918年，汇文大学部和华北协和大学合并，定名燕京大学，迁至海淀，即现在的北京大学。本校只留中学和小学，更名为汇文中学和汇文小学。汇文名下或者说和与汇文保持直升关系的小学有多所，马匹厂小学为其中之一。1958年，因修建北京站，马匹厂小学所在区域被征占。

李强在编辑《启功全集》的时候，曾专门到北京汇文中学查阅档案，发现了启功的“入学愿书及证书”“校长证明书”。校长在证明书上写道：

> 兹有学生启功自民国十三年正月至十五年六月曾在本校肄业，领有毕业证书，所有该生在校成绩今据实照表填写，品行尚为端正，特此证明并介绍直接升入贵校，即致北京汇文学校查照。①

这就是说，启功读小学的确切时间是1924年1月至1926年6月，是四年级第二学期插班到小学。1926年3月12日，日本军舰驶进天津大沽口，国民军将日舰逐出。日本联合英美等八国于3月16日向北京政府发出通牒，要求撤除大沽口国防设施。消息一出，全民愤慨，3月18日，五千多人在天安门集会抗议，强烈要求国民政府拒绝接受所谓“八国通牒”。段祺瑞执政府下令开枪，当场打死四十七人。这就是“三一八惨案”。当时启功小学还没毕业，据他后来回忆：“放学时整个北京城都戒严，家里着急，派车接我，但怎么也绕不过来，最后我是拐着弯穿小胡同，很晚才到家。”②

汇文中学校内立有“唐谢二君纪念碑”，“唐”指唐耀昆，“谢”指谢戡，他们都曾是汇文中学学生，后在“三一八惨案”中牺牲了。1926年

---

①启功：《启功自传》，北京师范大学出版社，2013，第41页。

②启功：《启功自传》，第44页。

启功在汇文中学时与同学的合影

秋天，汇文学校师生在校园内立了纪念碑，启功“知道社会上还有比学校里更惊天动地的大事”发生。关于“三一八惨案”，鲁迅写过《记念刘和珍君》。其中最有名的段落写出了那代知识分子对于国家的担忧：“真的猛士，敢于直面惨淡的人生，敢于正视淋漓的鲜血。这是怎样的哀痛者和幸福者？然而造化又常常为庸人设计，以时间的流驶，来洗涤旧迹，仅使留下淡红的血色和微漠的悲哀。在这淡红的血色和微漠的悲哀中，又给人暂得偷生，维持着这似人非人的世界。我不知道这样的世界何时是一个尽头!”

1926年，启功升入中学。高中阶段，启功读了商科。启功之所以选择商科，是因为家境不好，为将来就业、赚钱打算。那个时候的启功如何看待商科呢？他写道：

> 至于商科，货殖是究。鸱夷用越，阳翟得秦。谁曰居积可鄙，庶与管仲同功。[①]

①启功:《启功自传》,北京师范大学出版社,2013,第41页。

短短二十七个字，说了三个典故。“鸱夷用越”是启功新造的词，与商业有关。春秋时期，越国大夫范蠡帮助越王勾践成功复国后退隐，乘一叶扁舟隐姓埋名浪迹江湖。到了齐国，他改名为鸱夷子皮；到了陶地，改名为朱公。他巧用智谋大发其财。所以，启功新造的“鸱夷用越”是来概括“范蠡在越国经商致富”之事。“阳翟得秦”也是启功新造的。战国时期商人吕不韦在阳翟经商，后对秦国的壮大和兼并六国做出了杰出贡献，被秦始皇尊为“仲父”。启功用阳翟得秦“指吕不韦因经商而取得秦国政柄的事”。二十七个字，启功表达的意思是：经商追求营利，范蠡和吕不韦都因为经商成就了自己的功业。谁说商家就一定低贱？这两位商人的功绩可以比肩管仲。

从1924年1月到1931年，启功在汇文附小和汇文学校读书。这种现代学校和他早期的私塾学习相比，有什么不同呢？启功回忆说：

> 回想中小学生活，虽然平淡无奇，但这种开放式的、全方位的现代教育还是给我留下很深的印象。我觉得它确实比那种封闭式的、教学内容相对保守单一的私塾教育进步得多。最主要的是这种教育为孩子身心的自然发展提供了远比旧式教育广阔得多的空间。别的不说，活泼、好动、调皮、淘气是孩子的本性，而这种本性在私塾教育中往往被扼杀了，但在新式学校里，大家地位平等，同声相应、同气相求，沆瀣一气，成群结伙，又有充分的空间去发挥，这些本性就可以得到释放。①

英文教师巴清泉是基督徒，排斥非基督教的言行，并斥其为“迷信”。学生们为了让巴清泉生气，就“在装粉笔末的纸盒里插上三根筷子当香烧”。

语文老师眼近视得厉害，在启功眼中“水平有限”，“念错别字”，比

①启功：《启功自传》，北京师范大学出版社，2013，第43页。

如把“麈教”念成“麈（尘）教”。“麈”是鹿一类的动物，其尾可制拂尘，拂尘即为麈尾。“麈教”指古人执麈尾而谈，因敬称他人之指点教诲为“麈教”。麈与塵易于混淆吗？知道典故，自然不会，如启功。多数人，不易辨识。

为了戏耍语文老师，启功拿本字号最小的袖珍版的《新约全书》，随便找个问题问他。他挤着眼睛看了半天，也看不清，后来恍然大悟。老师知道启功“明知故问地刁难他”，就用教鞭照启功屁股给了一下。启功假装委屈，理直气壮地质问：“您为什么打人啊？”老师说得也好：“你拿我开涮，我不打你打谁？”①

一样淘气的张振先与启功同桌。一回，张振先在学校礼堂的暖气管上拿“顺风旗”。“顺风旗”也叫“人体旗帜”，就是用手抓着垂直于地面的杆，使身体与地面保持平行的高难度动作。结果，张振先把暖气管弄坏了，惊慌中只得逃之夭夭。

启功和张振先在课间或自习课上常常“比武”。启功回忆说：

> 看谁能把谁摁到长条凳上，只要摁倒对方，就用手当刀，架在他的脖子上说：“我宫了你！”算作取得一场胜利。直到几十年后，我们在欧美同学会吃饭时，彼此的祝酒词还是“我宫了你”。这种童真和童趣是非常值得珍惜的，有了它，人格才能完整。而开明的老师，常能容忍孩子们的这种天性，这对孩子的成长是有利的。我们班有一个同学叫宋衡玉（音），平时常穿日本式的服装，我们都管他叫“小日本”，他自然不愿意听。有一回在饭厅吃饭时，有人又叫他“小日本”，他急了，追着那个人不依不饶，那个人就往饭厅外跑，他嘴里骂着“儿子（读作zèi）！儿子！”地往外追，刚追出门，正好和路过的校长撞个满怀，校长拧着他的嘴巴说：“你又没娶媳妇儿，哪来的儿子？”大家听了哄堂大笑。因为大家觉得校长实际上是以一

①启功：《启功自传》，北京师范大学出版社，2013，第44页。

种幽默的方式加入到这场游戏中了。总之，我不是提倡淘气，但兴趣是不可抹杀的，在这样的学校，每天都有新鲜有趣的事发生，大家生活、学习起来饶有兴致。[①]

1931年，汇文的课程读完了。临近毕业，以“文”见长的启功应邀执笔完成了一篇《一九三一级级史》，刊登在学校《辛未（1931）年刊》上。这篇文章既有启功粗浅的教育观以及对“中学教育的重要性”阐释，也有对“风华正茂的青年学子及其昂扬热情”褒奖和五年中学习、生活的眷恋。他写道：

英才之育，尤为国政导源。然小学始教，要在广施；而大学专政，非能遍及。是以进德之基，深造之本，舍中学其焉归？入学既久，效已可睹，成兹九仞之山，端惟一篑之积，则高级三年，诚难忽视也。

……

此三科中，数十百人。奇才杰出者，不可胜计，而成绩因之斐然可观矣。每见课余之暇，三五相聚于藏书之室，切磋琢磨，同德共勉，为五年率。攘攘熙熙，相观而善。暇则或为指陈当务之文，或作坚白纵衡之辩；或出滑稽梯突之言，或好嬉笑怒骂之论，往往有微旨深意，寓于其间。[②]

古文功底很好的启功，英文成绩却很差，他把原因归咎于家里保守，不允许他学英文。所以，小学、中学，他的英文成绩差。好在张振先英语特别好，还愿意给大伙当“枪手”。启功回忆说：

---

①启功：《启功自传》，北京师范大学出版社，2013，第44页。

②启功：《启功自传》，第41—42页。

高二那一年的英语考试，我估计自己不行，也请他为我做一回“枪手”。可那一回他有点犯懒，替我做时没太下功夫，内容和他自己的卷子差不多。老师“很高明”，一看便说，这两篇雷同，不行。他还算手下留情，说起码要在第二年重写一篇，否则不能及格。当时我正一心一意、聚精会神地随戴绥之先生学习古文，全部的兴趣和精力都在那方面，对英语一点兴趣也没有，别说第二年了，就是第三年我也写不出，于是我也就不管什么毕业不毕业了。[1]

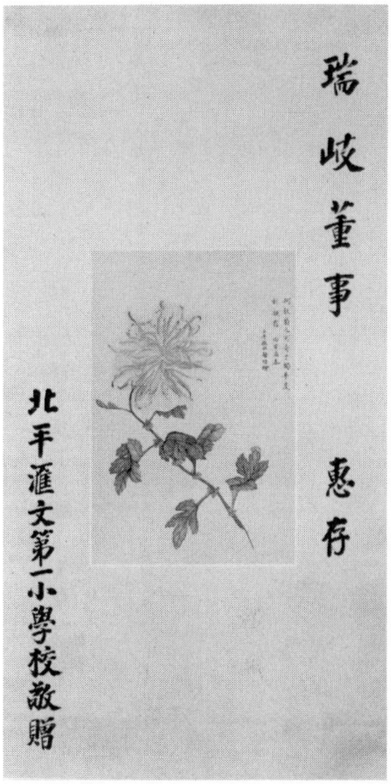

秋菊(1926年)

在校期间，启功读的虽然是商科，但他逐渐发现商科并不适合自己。适合他的，还是“家学”与传统文化，古文和绘画。他决定靠兴趣和专长积累真本事，以便将来可以养家糊口。但是，在教会学校读书，英文成绩差便无法毕业。可是，启功不想徒劳地补考，于是肄业离开了学校。

张振先后来留学英国，回国后在北京外国语大学教书，是英语教学专家。而启功求学一路艰难，走向社会是和幸福相遇呢，还是和不幸相撞？

①启功:《启功自传》,北京师范大学出版社,2013,第42页。

魏書卅四崔玄伯傳尤善草隸行押之書為世
模楷玄伯祖悅與范陽盧諶並以博藝著名
諶法鍾繇悅法衛瓘而俱習索靖之草皆盡
其妙世不替業子浩襲爵又魏書卅五崔浩傳浩既工
書人多託寫急就章從少至老初無憚勞
所書蓋以百數必稱馮代彊以示不敢犯國
其謹也如此浩書體勢及其先人而巧妙不
如也世寶其迹多裁割綴連以為模楷

【第二编】

古韵记传

QIGONG SHUSHI

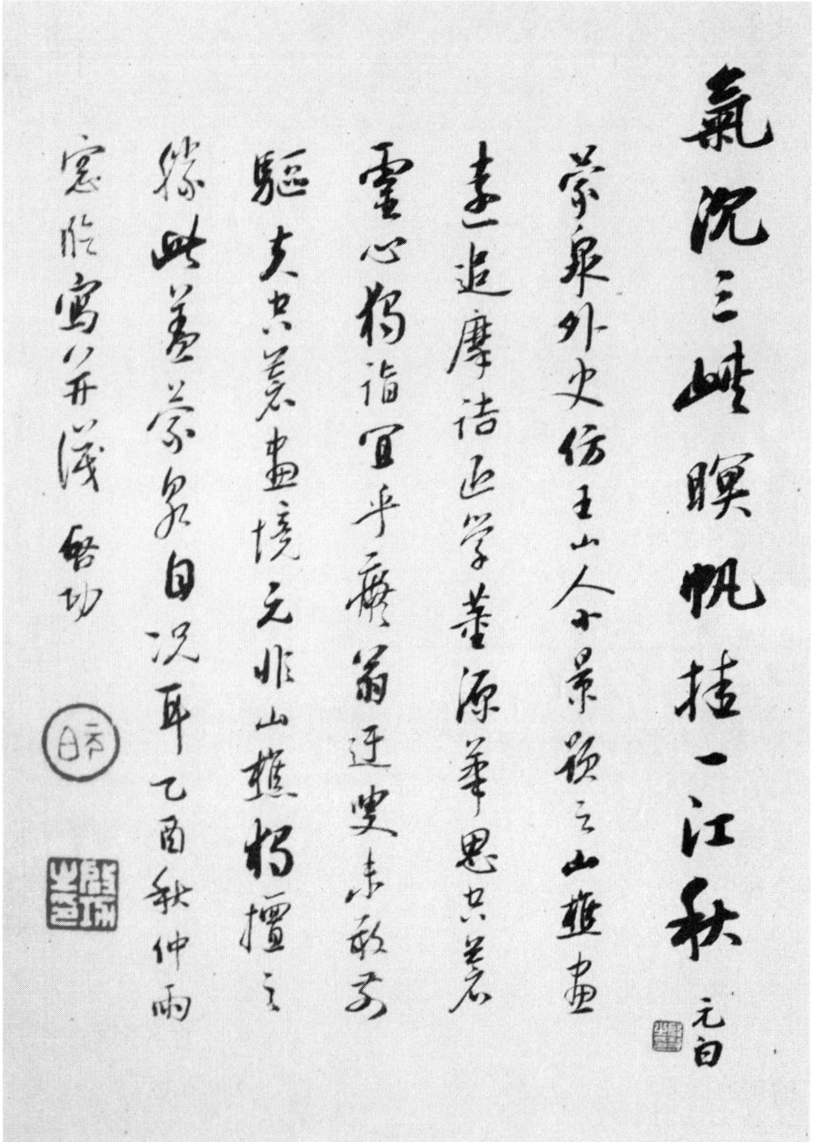

《闲窗逸兴》册页（1945年）

塌下心拜老塾师 立了志学内行画

余性昧宫商，拙于按拍。幼年在小学校唱歌，同学以猪嘶相谥，余并不以为忤。以其深符古诗之谊，所谓识曲听其真也。[①]

启功天生对“五声音调”不敏感，节奏感不强，拙于音乐，但长于丹青。因为喜欢绘画，他在年少时就立志“做一个画家”。这是为什么呢？首先是画意的熏陶。中国传统山水画都有几分禅意，能把在北京城里生长着的启功引领到大自然的旷野中去，归于纯粹的山林间，超然物外。这份慧心是启功立志的根本。另外，启功曾亲见爷爷拿过一把扇，用毛笔在上面随意涂抹，便呈现出“竹石花卉”小巧而可爱的意趣。如果不能尽兴于山水间，在纸上营造出心中丘壑也能得一番妙义。于是，“画家梦”就扎根在启功的童心里！

启功在绘画上颇下过一些工夫。当时家里藏有《王石谷临安山色图卷》的珂罗版照片，他就很认真地临摹过。启功说：“这些都是凭着小聪

①启功：《札记二十二则·无题》，载自《绝妙好辞》，北京师范大学出版社，2013，第45页。

明，还不具备专业的素质。”约在十四岁时，启功第一次独自到琉璃厂买纸笔，“看到荣宝斋墙壁上以及通道的较高处都挂满了名人字画”。他回忆说：“我虽不全懂得好在哪里，但那时的惊奇和喜爱的心情今天还记忆犹新。回来不时地向长辈夸说我这次的见闻，也提出我的问题，才知道琉璃厂一条街都是‘文化用品’的商店。清代各地来京应科举考试的人，都从这里得到参考书和笔墨文具。南纸店所挂的字画，有一般书画家的作品，也有大官僚、老翰林的笔迹。后者这些人当然不是专为卖钱，实在因为他们和这些文化商店打的交道太久了，感情太深了，并且以自己的笔迹能在这里挂出为荣。”①在北京，琉璃厂、荣宝斋的存在，对启功这样的孩子无疑是一个很好的激励，那就是：将来把自己的作品挂到荣宝斋去！

启功十四岁，是1926年。当时的中国社会是向西洋学习，年轻人向故纸堆里学习的传统应该是有被斥为“落后”“腐朽”之虞的。那么，当时的知识分子是如何看待传统中国画呢？

有论曰：

五四时期，对传统文人画的批判，主要集中在“形似”方面。代表人物有康有为、陈独秀、鲁迅、徐悲鸿等等。康有为说：“中国近世之画衰败极矣。”原因是“以禅入画”“拨弃形似”和“倡为士气”。他说：“惟中国近世以禅入画，自王维作《雪里芭蕉》始，后人误尊之。苏、米拨弃形似，倡为士气。元、明大攻界画为匠笔而摈弃之。”陈独秀也说：“中国画在南北宋及元初时代，那描摹刻画人物禽兽楼台花木的功夫还有点和写实主义相近。自从学士派鄙薄院画，专重写意，不尚肖物。”这才使传统文人画走向衰落。鲁迅对文人画不重形似，也深表不满：“我们的绘画，从宋以来就盛行‘写

①启功：《我和荣宝斋》，载自《启功全集》第4卷（修订版），北京师范大学出版社，2012，第144页。

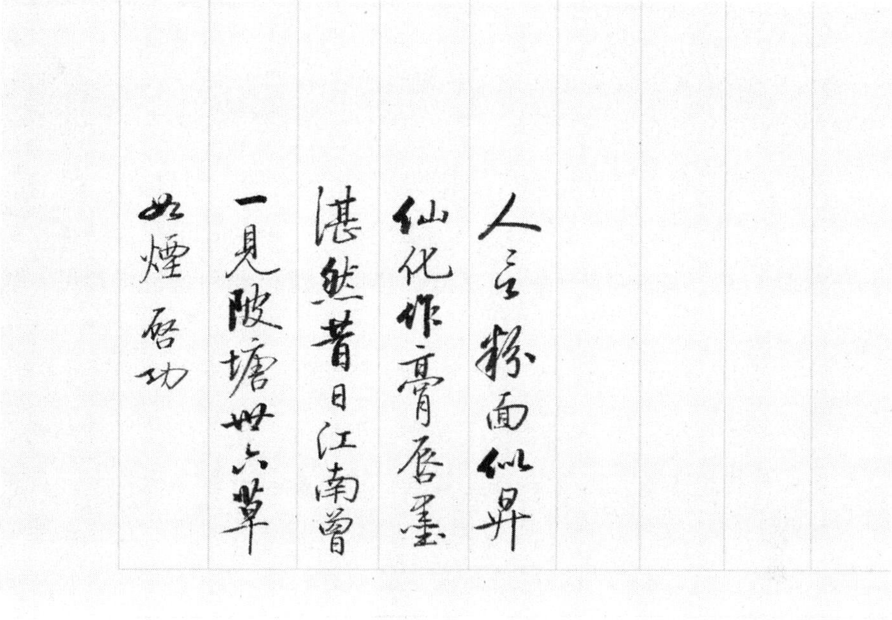

自题画册十二首·其五（1976年）

意’，两点是眼，不知是长是圆，一画是鸟，不知是鹰是燕，竟尚高简，变成空虚，这弊病还常见于现在的青年。”①

类似的观点是否有渠道为启功所知晓？应该有的。但启功完全不理。“为了能登堂入室，大约升入中学后不久”，启功真正开始学画，是十五岁那年。由长亲带领，他正式磕头拜师，这位老师就是贾羲民。启功说：

贾先生一家都是老塾师，贾先生也做过北洋政府时期的部曹小官，但博通书史，对于书画鉴赏也极有素养。论作画的技术，虽不甚精，但见解却具有非常的卓识。常带着我去故宫博物院看陈列的古书画，有时和些朋友随看随加评论。我懂得一些鉴定知识，实受贾老师的启迪教诲。②

贾羲民是北京人，名尔鲁，又名鲁，原字新民，后改成羲民，是位个性鲜明的艺术家。他对当时画坛流行的“内行画”和“外行画”分法很不屑，为此还曾遭受同行的挤对。贾羲民“是文人，学问广博，又会画，所以书画史和书画鉴定是他的强项”，对启功的“教益和影响主要在书画鉴定方面”。启功回忆说：

他经常带我去看故宫的书画藏品。平时去故宫，门票要一块钱，这对一般人可不是小数目，而每月的一、二、三号，实行优惠价，只需三毛钱，而且这三天又是换展品的日子，大量的作品都要撤下来，换上新的，只有那些上等展品会继续保留一段时间，而有些精

①刁秀航：《对五四时期传统文人画批判的反思》，载于《绵阳师范学院学报》2017年第12期。

②启功：《记我的几位恩师》，载自《启功全集》第4卷（修订版），北京师范大学出版社，2012，第195页。

品，如董其昌题的范中立《溪山行旅图》、郭熙的《早春图》等会保留更长的时间。所以我对这类作品印象非常深，现在闭起眼睛，还能清楚地想象出它们当时挂在什么位置，每张画画的是什么，画面的具体布局如何。如《溪山行旅图》树丛的什么位置有“范宽”两个小字，《早春图》什么地方有一个“郭熙笔”的图章，什么地方有注明某年所画的题款，都清楚地印在我的脑中。由于有优惠，我们天天都盼着这三天，每当这三天看完展览，或平时在什么地方相遇，分手时总是说：“下月到时候见！”[①]

今日比较时髦的“游学”，或者到博物馆里教学，在贾羲民的教育思想中就是应有之义。当日启功学习绘画之初，不是“磨铅笔”“磨毛笔”，而是学习鉴赏。

每看展览，贾先生就给我讲一些鉴定、鉴赏的知识，如远山和远水怎么画是属于北派的，怎么画是属于南派的，宋人的山水和元人的山水有什么不同等等。这些知识和眼力是非常抽象的，只靠看书是学不会的，必须有真正的行家当面指点。有一回我看到一张米元章的《捕蝗帖》，非常欣赏，可贾先生告诉我这是假的。我当时还很奇怪，心想这不是写得很好吗？后来我见得越来越多，特别是见了很多米元章真迹的影印本，再回过头来看这张《捕蝗帖》，才觉得它真的不行。又如，最初见到董其昌的很多画，难以理解：明明是董其昌的落款，上面还有吴荣光的题跋，如《秋兴八景》等，但里面为什么有那么多的毛病？比如画面的结构不合比例，房子太大，人太小；或构图混乱，同一条河，这半是由左向右流，那半又变成由右向左流；还有的画面很潦草，甚至只画了半截。开始，我认为这些都是假的，或代笔的画手太不高明。贾老师便告诉我，这并不

①启功：《启功自传》，北京师范大学出版社，2013，第46页。

自题画册十二首·其七(1976年)

全是假的，而是属于文人那种随意而为的“大爷高乐”的作品。——“大爷高乐”是《艳阳楼》戏中“拿高登”的一句戏词：“大爷您在这儿高乐呢!”——画家也常有些不顾画理，信手涂抹的“高乐”之作，特别是文人画，并没什么画理可讲。①

经过一年多的学习，启功在书画上有了很大的进步。据贾羲民后来带过的画家刘松岩回忆：

贾羲民教山水、书法、唐诗和古文。老师授课极为认真，示范一丝不苟，一次在一张约五十厘米长的元书纸上示范了一幅层峦叠嶂的工细山水。这对于我的基本功奠定及后来当教师时对学生从严要求起着典范作用。贾老师有一套日本出版的《支那名画宝鉴》，大部头，精装，画面清晰，悉可乱真。某日来了一位中年人将此书取走。走后，贾老师说：“他叫启功，也是我的学生，现在比我名气大。”②

启功的绘画日益精进，贾羲民以有这样的学生为骄傲。

之后，启功对“内行画”产生了浓厚的兴趣，于是贾羲民有意将他引荐给吴镜汀。恰好在一次聚会上，三个人相遇了，贾羲民主动拉他俩相识，并拜托吴镜汀把启功带好。吴镜汀原名熙曾，字镜汀，号镜湖，1904年出生在北京，比启功年长八岁。他早年学画从清初王石谷入手，1918年以十七岁的年纪进入北京大学附属中国画研究所学习，师从金城研习临摹古画。

吴老师的“内行画”确实非常高明，他能研究透每种风格、每

①启功:《启功自传》,北京师范大学出版社,2013,第46-47页。

②《回忆贾羲民、吴镜汀老师》,载《北京文史》,转引自2017年9月28日《北京文摘》。

个人用笔的技法，如王原祁和王石谷的画都是怎样下笔的，他可以当场表演，随便抻过一张纸来，这样画几笔，那样画几笔，画出的山石树木就是王原祁的风格，再那样画几笔，这样画几笔，就是王石谷的味道，还能用同样的方法表现出其他人的特点与习惯。这等于把画理的基本构成都解剖透了，有点现代科学讲究实证的味道，真不愧“内行”中的“内行”。①

吴镜汀不仅教学有方，而且待人还好。启功对他的评价是：“先生对于持画求教的，没有不至诚指导，除非太荒唐幼稚的，莫不循循然顺其习性相近处加以指引。”②

“点苔”“皴法”都是中国画的基本技法。前者指“用毛笔作出直、横、圆、尖或破笔（笔毛散开，无一定形式）或如‘介’‘个’等字的点子，表现山石、地坡、枝干上和树根旁的苔藓杂草，以及峰峦上的远树等”；后者是“表现山石、峰峦和树身表皮的脉络纹理的画法”。

初入吴门，启功“点苔总是乱七八糟”。吴镜汀说：“你别把苔点点在皴法笔道上，先把应加苔点处，擦染糊涂了，然后再在糊涂部分去点苔，必然格外醒目。”

启功画松针层次不够。吴镜汀说：“凡画松针，都用焦墨，画完如有必要再加一些淡墨的，便既见苍劲，又有云烟了。”

启功画石青总嫌色泽太重。吴镜汀指导说：“你在里边加些石绿呀！”一加，画面上“果然青翠欲滴”。吴镜汀补充说：“石绿不可往空白的山石面上涂，那样永远感觉不足，先在山石石面染上赭石以至草绿，再加石绿，即能有所衬托。”

启功在吴门学艺，很多都是小技法。但名家随口指点，就让年轻的启功顿悟。

---

①启功：《启功自传》，北京师范大学出版社，2013，第48页。

②启功：《忆先师吴镜汀先生》；载自《启功全集》第4卷（修订版），北京师范大学出版社，2012，第218页。

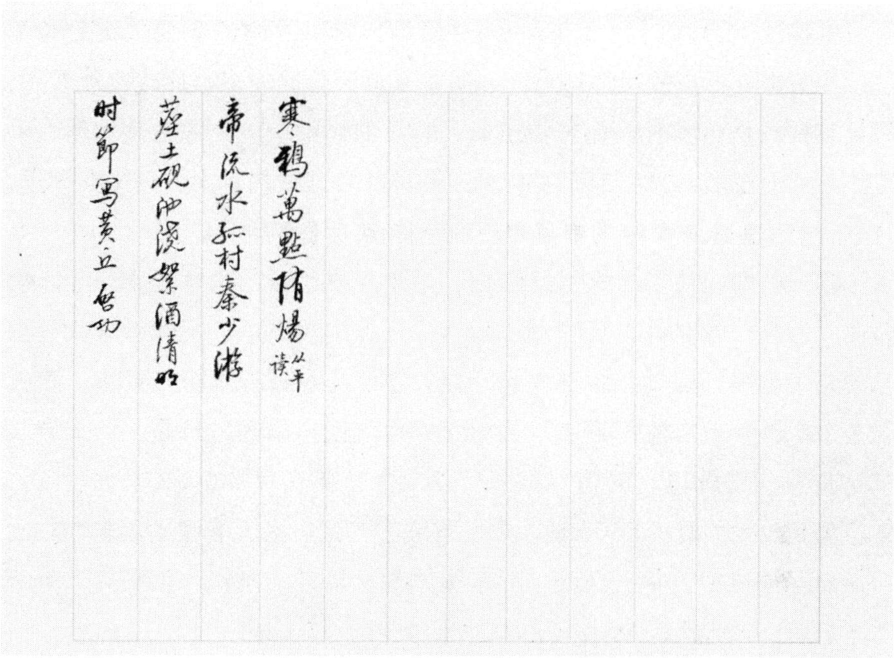

自题画册十二首·其九(1976年)

每每鉴赏古画，吴镜汀言必有据。启功说：“画的重要关键处是笔法，各家都有各自的习惯特点。元明以来，流传的较多，比较常能看到。每见某件画是仿本时，先生指出后，听者如果不信，先生常常用笔在手边的乱纸上表演出来，某家的特点在哪里，而这件仿本不合处又在哪里，旁观者即使是未曾学画的人，也会啧啧称奇，感喟叹服。”

有一件事让启功一直记忆深刻。明末“松江派”画家沈士充的《桃园图卷》是一幅名画，原作藏于故宫，大家都很喜欢。吴镜汀曾指导自己的弟子临摹，启功也很感兴趣，便与曹七先生曹元森提及此事。曹元森是名中医，曾有恩于启功。当时正好曹太太也画画。于是，曹元森买下这张画。见启功笔下功力日渐长进，曹元森就对启功说：“你也临一张，算是我太太临的。”于是，启功就临了一张，题上曹太太的名字。之后，启功又在绢上临了一张，并拿去请教吴镜汀。吴镜汀很高兴，夸赞青年启功：“画得好，是塌下心画出来的！”①

吴镜汀1954年在中央美术学院民族美术研究所担任副研究员，后来在北京画院、中国美术家协会北京分会工作，1972年去世。吴镜汀和启功的生命重叠了整整六十年，但他把自己对中国传统画的理解，传授给了更年轻的启功，由新一代带着传统继续前进！

①启功：《启功自传》，北京师范大学出版社，2013，第49页。

点点点是古文选
看看看为华字源

在汇文中学，启功严重偏科。语文成绩好，传统绘画牛！但是英语成绩实在提拉不起来，其他功课也常常不及格。母亲、姑姑没有找人为他恶补英语和数学等弱项，反而是让他投师贾羲民、吴镜汀学习绘画，跟戴姜福学习古文。这或许是秉承了“重兴趣而轻功利”的传统。那戴姜福是谁呢？戴姜福，字绥之，别号“山枝”，江苏人，代表作是1907年（清光绪三十三年）刊印的《华字源》一卷。

司空表圣诗品一首

戴姜福是一位功底深厚的学者。启功的曾祖父任江苏学政时，戴姜福曾被选为拔贡。什么是“拔贡”呢？拔贡是科举制度中选拔贡入国子监的生员的一种。按照清制，初定六年一次，乾隆七年改为每十二年一次，由各省学政选拔文行兼优的生员，贡入京师，称为拔贡生，简称拔贡。经过朝考合格，入选者可根据等次充任京官、知县或教职。

戴姜福被选为拔贡后，还要入京参加朝考。不过，戴姜福以拔贡为荣，逢人总说自己是某某年的江苏拔贡。后来，戴姜福当了赵尔丰[①]的秘书、幕僚。启功回忆说：

这位戴先生原是赵守俨的祖父赵尔丰（清末时曾任四川总督）的幕僚，赵尔丰被革命党砍了头，戴从四川逃到北京（他夫人则因船撞上滟滪堆遇难了）。开始，戴先生在苏州同乡、评政院院长庄蕴宽手下谋事，评政院解散后，与曹大先生（曹元忠）一家来往密切。这位曹元忠先生是我曾祖父任江苏学政时的门人。我在汇文小学、汇文中学念书时，对外语没有兴趣，而愿意念古典文学方面的东西，这一点连亲戚朋友都很清楚。当时曹七先生（曹元森，中医）请戴先生到曹家为子女教课，讲授传统古籍，便让我也上曹家念书。于是我几乎每天从汇文中学下课后就到曹家跟戴先生学习。我以前读过“四书”，戴先生便让我念“五经”，当时还让我买了一部《古文辞类纂》，没有句读的本子，戴先生就让我标点，然后戴先生圈圈点点，把我标错的句子都挑出来改正。我的很多东西，都是戴先生那时候教我的。戴先生还让我买一部浙江局刻的《二十二子》，那时我边看边抄写，有很多东西看不太懂，后来才逐渐明白。那时戴先生在曹家教曹家子女和我，隔天去赵家教赵守俨先生，因此，可以说我们俩是师兄弟。后来，我尊称赵先生师兄，因为我年龄比他大，

①赵尔丰（1845—1911）祖籍辽宁，年轻时在山西静乐、永济任知县，得晚清名臣、山西巡抚锡良的赏识。锡良调任四川后，赵尔丰随行。锡良离川，赵尔丰代理四川总督之职。1908年2月，赵尔丰改任驻藏大臣。他在中国西南地区的稳定、发展中，贡献卓著。1911年武昌起义爆发，赵尔丰在成都被公审处决。赵尔丰的三儿子赵世泽迁居北京，其子叫赵守俨。

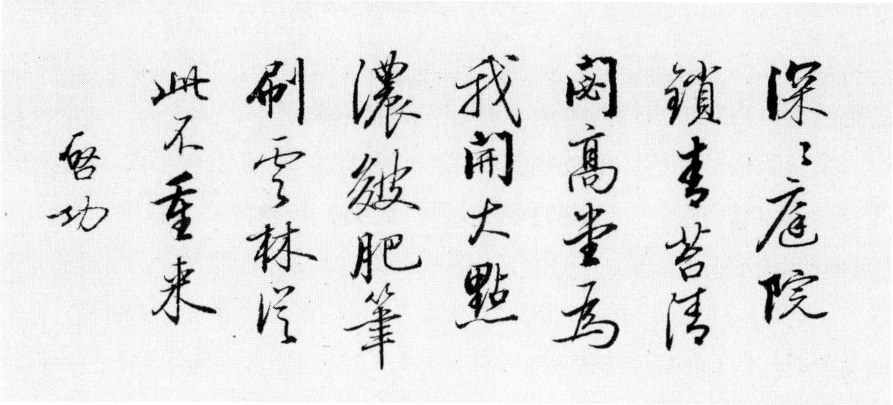

《书画合璧册》之三（1975年）

因此守俨坚持称我师兄。①

戴姜福的太太在滟滪堆翻船遇难。戴姜福到北京后，便续娶了太太的丫鬟。在北京，他没有再担任什么职务，只得教家馆。启功回忆说：“定好星期几，他先到东单的赵家，再到礼士胡同的曹家教他们的孩子读书。赵家即赵尔丰的儿子赵叔彦，戴老师教的是赵叔彦的儿子赵守俨，后来他成为中华书局的栋梁之材。”

在赵家教赵守俨，在曹家教曹岳峻。启功去曹家，算是“附学”。启功回忆说：“那时我虽然已上了汇文中学，而且快毕业了，但更有兴趣的是下午四点跑到礼士胡同曹家随戴老师学古文。那时，曹岳峻已经下课，戴老师留下再单独教我一会儿。”

那古文怎么个教法呢？戴姜福对启功说：“像你这样的年龄，从‘五经’念起，已经不行了，还是重点学‘四书’和古文吧。至于‘五经’，你可以看一遍，点一过，我给你讲讲大概就可以了。”

这样，启功把《诗》《书》《礼》《易》《春秋》《左传》，都点了一遍。若有错误，戴姜福负责校正。而古文，戴姜福让启功准备了《古文辞类

①启功：《我与赵守俨先生》，载自《启功全集》第4卷（修订版），北京师范大学出版社，2012年，第416页。

纂》，布置启功用朱笔从头点起。启功回忆："每天点一大摞，直到点完为止，一直点了好几个月。后来又用同样的办法读了一部《文选》。经过这番努力，我在较短的时间内，打好了古文基础。"

第一阶段结束后，戴姜福又要求启功买了一套《二十二子》。这是一套先秦两汉魏晋的二十二部诸子书，包括《老子道德经》《庄子》《管子》《列子》《墨子》《荀子》《尸子》《孙子十家注》《孔子集语》《晏子春秋》《吕氏春秋》《贾谊新书》《董氏春秋繁露》《扬子法言》《文子缵义》《补注黄帝内经》《竹书纪年统笺》《商君书》《韩非子》《淮南子》《文中子中说》及《山海经》等二十二本书。这些书籍中保存了丰富的中国古代思想、文化及学术资料，是研究古代文史哲等社会科学与及自然科学的巨著。

为什么单选这套书呢？启功说："这自有他的眼光和见识……是戴老师的高明之处，选择的教材都大有学问，入门的门径选得好，就能事半功倍。"

说中国传统文化，绕不过的大关是"孔孟思想"与"程朱理学"。"孔孟思想"是儒家学说的基础，孔曰"成仁"，孟曰"取义"，孔子是思想大厦的奠基者，孟子是思想大厦的建立者和完善者。而北宋程颢、程颐和南宋的朱熹创立的"程朱理学"，元朝起成为统治者的治国思想。其基本观点是："理或天理是自然万物和人类社会的根本法则"；认为社会要"存天理、灭人欲"，倡导"三纲五常"。"三纲"即"君为臣纲，父为子纲，夫为妻纲"，"五常"为"仁、义、礼、智、信"。

戴姜福不赞成"程朱理学"。为了让启功写好题为《孔孟言道而不言理》的文章，戴姜福从儒家学说的源头，一直讲到程朱学说的变迁。由此可见，在传统文人的教学那里，作文教学绝对不是技巧，而是思想的传承。启功说：

戴老师学问非常全面，音韵学、地理学、文字学都很高明。晚年不再教书，有人把张惠言一部专讲音韵的书稿拿来，请他帮助整理，我们平时很少听他讲音韵学，但很快他就把这一大摞尚未成型的书稿用工整的毛笔字整理好。他还有一本《华字源》，专讲文字，把要讲的字按“六书”分类，置于行首，然后在下面讲解它的含义构成及来源。我现在还保留着当时听课用的红格笔记，有些讲解现在还记忆犹新。[①]

老师喜《说文》、地理、音韵诸学，给我们选常用字若干，逐字讲它在“六书”中的性质和原理，真使我如获至宝。但至今还只有常识阶段的知识，并未深入研究。先生的地理、音韵之学，我根本没提出请教。先生谆谆嘱咐要常翻《四库简明目录》，又教我们用《历代帝王年表》作纲领，来了解古代历史的概貌，再逐事件去看《资治通鉴》。这粗略的回忆，可以得知戴老师是如何教一个青年掌握这方面知识的有效办法。先生还出题令学作文，常教我们在行文上要先能“连”。听老师讲解连的道理，用现在的话说，就是要求语言的逻辑性；其次要求我们懂得“搭架子”，听讲它的道理，也就是要文章有主题有层次。旁及作诗填词，只要拿出习作，老师无不给予修改。[②]

启功日后吃饭的本钱，是戴姜福给的。从二十二岁起，启功便一直是一个“教书匠”，虽也卖过几张画，但那不算主业。在学校，他主要教古典文学。启功曾感慨：“从一个字到一首诗、一篇文，哪个又不是从戴老师栽培的土坯中生出的幼芽呢？我这小小的一间房屋基础，又有哪一

---

①启功:《启功自传》,北京师范大学出版社,2013,第52页。

②启功:《记我的几位恩师》;载自《启功全集》第4卷(修订版),北京师范大学出版社,2012,第196页。

筐土不是经过戴老师用夯夯过的呢？”①

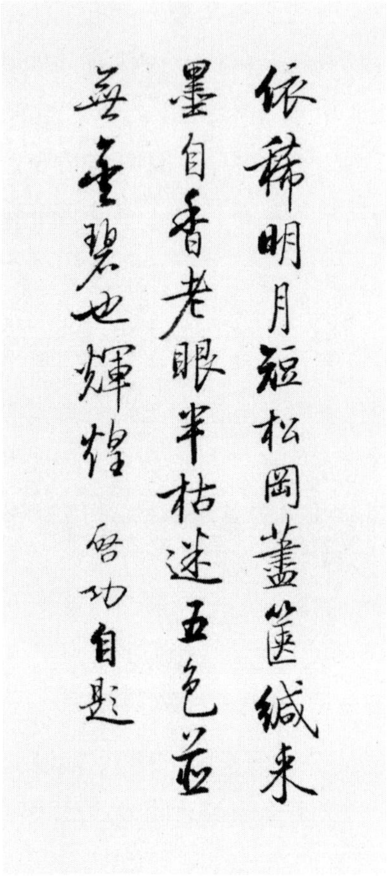

启功自题

启功追随戴姜福学习古文一直到1936年。那年西安事变爆发，六十七岁的戴姜福因肺炎去世。启功和师兄弟们都去帮助办丧事，曹岳峻亲手为戴姜福穿上入殓的寿衣。启功写了一副挽联。戴姜福的第二任太太比戴姜福小很多，在戴姜福去世后，启功和师兄弟们照样以“师母”敬之。2004年，弟子们整理《启功口述历史》，九十二岁的启功再次感念戴姜福，说：“戴老师为我打下的深厚的古文功底，帮我建立的独具个性的学术思想和善于因材施教的教学方法，却一直指导着我，恩泽着我，沾溉着我，这是我永生也不能忘记的。我终身的职业是教师，而且主要教授的是古典文学，而教授这些课的基础恰是这些年随戴老师学习夯实的。”②

①启功：《记我的几位恩师》；载自《启功全集》第4卷（修订版），北京师范大学出版社，2012，第196页。

②启功：《启功自传》，北京师范大学出版社，2013，第53页。

痴迷少年书画梦 游学王公艺术圈

1932年2月5日，是农历辛未年的除夕，七十七岁的敬懿太妃——清同治皇帝的妃子病死了。虽然已是民国，但人们还是为敬懿太妃举办了隆重的葬礼。这年启功二十岁。作为亲戚，他参加了葬礼。在葬礼上，他见到了名声赫赫的溥心畬（溥儒，初字仲衡，后改字心畬）。

溥心畬的曾祖是道光皇帝，祖父是恭忠亲王奕䜣。溥心畬的父亲载滢，其正室太太是启功祖母的姐姐。溥心畬的姨妈，就是敬懿太妃。启功回忆说：

> 溥心畬先生名溥儒，字心畬。按溥、毓、恒、启的排辈，他属于我曾祖辈，他家一直袭着王爵。心畬先生虽为侧室所生，但家资仍很富饶，所以在我眼中，他自然属于“贵亲”，不敢随便攀附。再说，他不但门第显赫，而且诗、书、画都有很高的造诣，在当时社会上享有盛誉，被公认为“王公艺术家”，我只是一个初出茅庐的后生晚辈，岂敢随便高攀人家为老师？但按姻亲关系论，他的母亲是我祖母的亲姐姐，他是我的表叔。这位大姨奶奶和我家一直有来往，

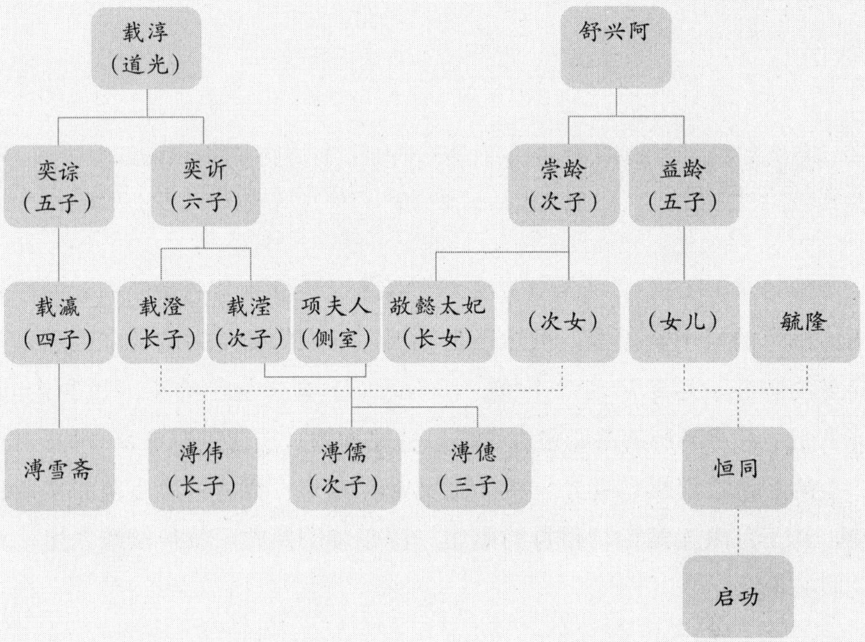

载淳（道光）
舒兴阿
奕淙（五子）
奕䜣（六子）
崇龄（次子）
益龄（五子）
载瀛（四子）
载澄（长子）
载滢（次子）
项夫人（侧室）
敬懿太妃（长女）
（次女）
（女儿）
毓隆
溥雪斋
溥伟（长子）
溥儒（次子）
溥僡（三子）
恒同
启功

她家原住在大连，每逢过年常给我们捎些礼物，其中包括给我的小玩具，有些我至今还保留着。①

启功很小的时候，祖母就去世了，不过两家仍保持着往来。启功祖父去世后，家中只剩孤儿寡母。启功回忆说：“平常较熟悉的老亲戚已多冷淡不相往来，何况远在海滨的远亲！心畬先生一支原来就没有往来，我当然更求教无从了。”②

在敬懿太妃的葬礼上，京城诗书画上略有名气的启功，得到书画前辈溥心畬的热情褒奖，溥心畬邀请他：“有时间到园中来玩!”

为什么到“园中”呢？因为溥心畬当时住在恭王府后花园的萃锦园。据说，萃锦园是《红楼梦》大观园的原型，始建于1777年，占地近三万平方米，有古建筑三十一处。因其部分地融汇了西洋建筑，是中国古典园林的精品。因为家室衰微，母亲常常教导启功：“对于贵亲，要非请莫到。”一样是在敬懿太妃葬礼上，道光皇帝的另一个曾孙溥雪斋也客气地说：“可以常到家中来。”

溥雪斋是近代书画家，号松风主人。因为住处相近，启功到溥雪斋的“松风草堂”就多一些。为什么要去溥雪斋的“松风草堂”呢？因为这里有一个“松风画会”的画家沙龙。

公开资料显示，“松风画会”是1925年由溥雪斋、溥毅斋、关松房、溥心畬、惠孝同五位国画宗师发起成立的，“是民国年间前朝上层宗室子弟书画交流的一个雅集”。清朝宫廷遗老陈宝琛、罗振玉等也都出入其中。画会“每月一聚，每年一展”，聚会的地方就是溥雪斋的松风草堂。画会成员都有一个带“松”字的“号”，比如：松风、松巢、松邻、松厓、松房、松阴、松溪、松云、松窗、松堪、松颖、松屏、松石等，启功也得一号，曰“松壑”。

---

①启功：《启功自传》，北京师范大学出版社，2013，第53页。

②启功：《溥心畬先生南渡前的艺术生涯》；载自《启功全集》第4卷（修订版），北京师范大学出版社，2012，第276页。

启功回忆说：

松风草堂的集会，心畲先生来时并不经常，但先生每来，气氛必更加热闹。除了合作画外，什么弹古琴、弹三弦、看古字画、围坐聊天，无拘无束，这时我获益也最多。因为登堂请益，必是有问题、有答案、有请教、有指导，总是郑重其事。还不如这类场合中，所见所闻，常有出乎意料的东西。我所存在的问题，也许无意中获得理解；我自以为没问题的事物，也许竟自发现另外的解释。[①]

即使溥心畲表达了欢迎启功到“园中”的意思，但启功并没有去。后来，俩人在“松风画会”又有机会见面，溥心畲问：“你为什么不来园中啊?”这样几次之后，启功终于有胆量登门求教了！

每年春天恭王府萃锦园的“西府海棠”开花的时节，启功便到溥心畲的园中来，赏花，吟诗，向前辈请教。西府海棠原产陕西宝鸡，花名因宝鸡的古称“西府”而得之，是中国皇家园林常爱栽种的花卉。“西府海棠”盛开时，溥心畲就举办赏花会，自是一种清乐。

启功回忆说：

被邀请的有清代的遗老，有老辈文人，也有当时有名气的（旧）文人。海棠种在园中西院一座大厅的前面，厅上廊子很宽，院中花下和廊上设些桌椅，来宾随意入座。廊中桌上有签名的素纸长卷，有一大器皿中装着许多小纸卷，签名人随手拈取一个，打开看，里边只写一个字，是分韵作诗的韵字。从来未见主人汇印分韵作诗的集子，大约不一定作的居多。我在那时是后生小子，得参与盛会已足荣幸了，也每次随手拈一个阄，回家苦思冥想，虽不能每次都能

①启功：《溥心畲先生南渡前的艺术生涯》；载自《启功全集》第4卷(修订版)，北京师范大学出版社，2012，第277页。

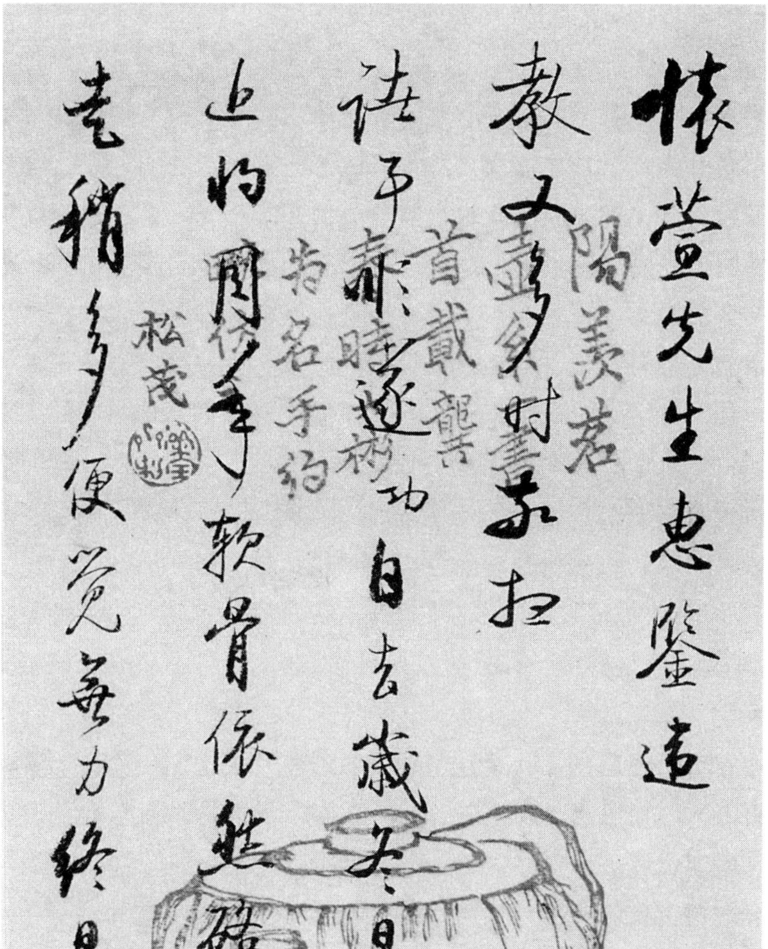

先生惠鑒
自去歲冬自右膝挫傷
軟骨依然
便覺無力終日杜門偃臥
松茂

作得什么成品，但这一次一次的锻炼，还是受益很多的。[①]

绘画、赏花赋诗的高雅清享之外，启功随溥心畬的朋友圈也有口福之享。在什刹海北岸的会贤堂，溥心畬经常约三五要好朋友小酌一番，启功敬陪末座，像小学生一样，听溥心畬和陈仁先、章一山、沈羹梅等老先生聊天。启功说："特别是沈羹梅先生，那种安详周密的雅谈，辛亥前和辛亥后的掌故不但有益于见闻知识，即细听那一段段的掌故，有头有尾，有分析有评论，就是一篇篇的好文章。可恨当时不会记录，现在回想，如果有录音机录下来，都是珍贵的史料档案。这中间插入别位的评论，更是起画龙点睛的作用。"[②]

溥心畬和朋友们会把时下名家作品拿来，共同品评，没有功利心，只为雅兴。启功也有机会奉上自己的习作，溥心畬和朋友们一样乐意把玩。启功说："他们看后，常常指出哪句是先有的，哪句是后凑的，哪处好，哪处坏。"这样的一种教学简直超越了时代，比我们在美国电影中看到的师生平等交流的学校教学模式一点不差。谁说"个性化"是舶来品？

早在《论语》的年代，孔子的学生曾皙就说："暮春者，春服既成，冠者五六人，童子六七人，浴乎沂，风乎舞雩，咏而归。"意思是，三月天气和暖，已经可以穿春日的衣服，和几个同龄的朋友，约上一群小孩，到沂水里畅游，在舞雩台上感受春风拂面，然后唱着歌回家。孔子非常赞赏。这种与自然融为一体的教学方式一直在中国的文人中默默流传，亘古未变。启功视溥心畬为师，溥心畬并不设置教材，也无须背诵，更不用考试。他们聊诗文、绘画，如同胡同里居民遛鸟、喝茶，乡下人看皇历一样自然。

---

①启功:《溥心畬先生南渡前的艺术生涯》;载自《启功全集》第4卷(修订版),北京师范大学出版社,2012,第278页。

②启功:《溥心畬先生南渡前的艺术生涯》;载自《启功全集》第4卷(修订版),第278页。

启功说：

> 里语也说："投师不如访友。"原因是师是正面地教，友是多方面地启发。师的友，既有从高向下垂教的尊严一面，又有从旁辅导的轻松一面。师的友，自然学问修养总比自己同等学力的小朋友丰富高尚得多，我从这种场合中所受的教益，自是不言可喻的！①

溥心畬有一种观点："画不用多学，诗作好了，画自然会好。"这在年轻的启功看来，是"搪塞"学生的手段之一。如果启功活到今天，看到不少技术娴熟的国画家们和他们的学生争先恐后地为"某某某"造像，就知道没有"诗"只有"画"的悲哀了。当然，以启功的经历，这样的感受自然不少。当今中国画教学，还有"诗"吗?"诗"是内容，产生意境；没有"诗"的画，就是线条和色彩的组合。这种组合或许也是艺术品，起码是工艺品，但是在传统文人那里，好像算不得"画"。

既然读诗，读谁的好呢？溥心畬的建议是：王维、孟浩然、韦应物、柳宗元四家。并叮嘱："应该好好地读！"启功找来读了，感受是，王维的诗令人喜爱，孟浩然无味，柳宗元不对味，韦应物比王维高。依照这个品格，他模仿溥心畬的诗，题在扇面上"淡远的景色"旁边，给溥心畬看。溥心畬看到的是：

> 八月江南岸，平林歌著黄。
> 清波凝暮霭，鸣籁入虚堂。
> 卷幔吟秋色，题书寄雁行。
> 一丘犹可卧，摇落慢边伤。

①启功：《溥心畬先生南渡前的艺术生涯》；载自《启功全集》第4卷（修订版），北京师范大学出版社，2012年，第279页。

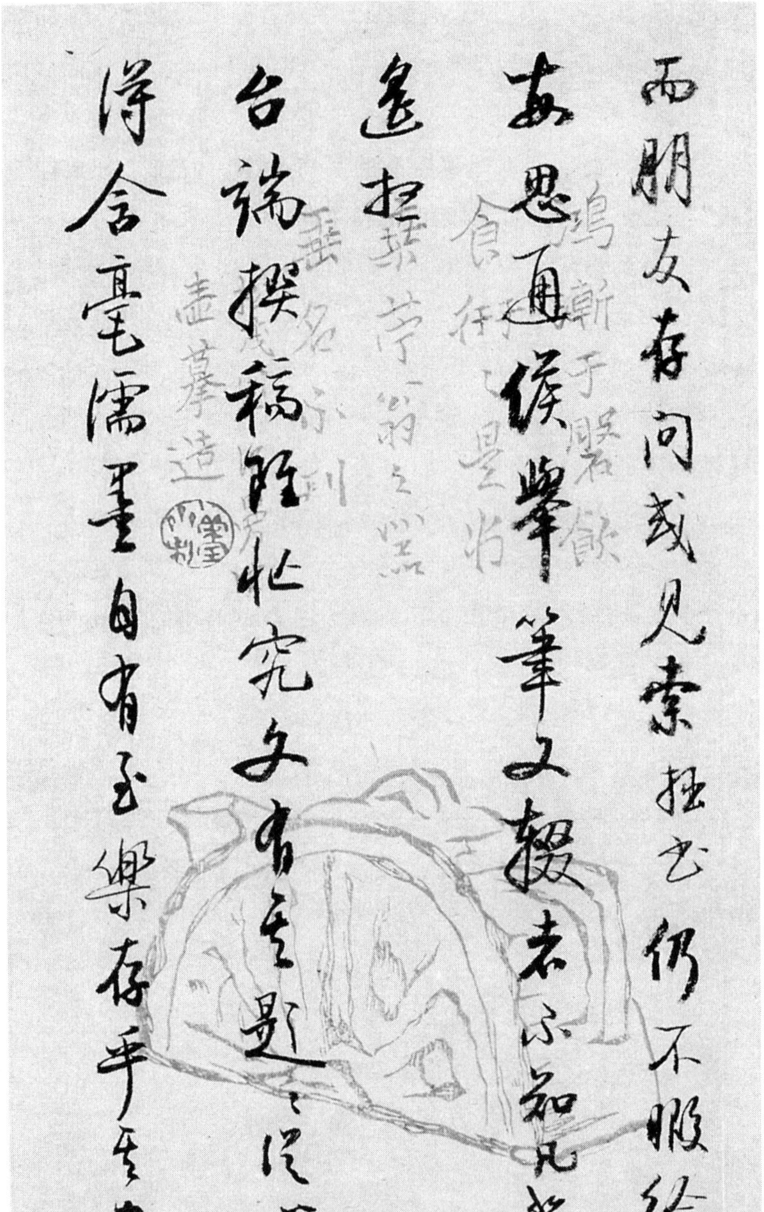
而朋友存問或見索拙書，仍不暇給，每思通候，舉筆又輟，未知凡幾，遂担台端撰稿，經忙，究多有未遑之，從心得含毫濡墨，自有樂存乎其中

溥心畬看了很久，忽然问："这是你作的吗？"启功忍着笑回答："是我作的。"溥心畬又看了一番，继续追问："果真是你作的吗？"启功笑出声来，反问："像您作的吧？"溥心畬大笑着肯定了启功的用心。

这是把老师的文化精神理解到家的真实故事。而在"分数挂帅"的"考研时代"，还会有这样的老师和这样的学生吗？

1949年，溥心畬从上海到舟山群岛，并最终去了台湾。在台湾，溥心畬执教于台湾师范大学，也在家中带徒弟，还到海外讲学。1959年，他在台湾历史博物馆举办个展，作品三百八十幅。1963年，六十八岁的溥心畬因病去世。他的遗物中书法一百七十五件、绘画二百九十二件，其他收藏书画十三件，砚石、印章、瓷器等五十八件，总共五百四十三件，一分为三，由文化大学华冈博物馆、台北故宫博物院与历史博物馆托管。在大陆，溥心畬的作品以吉林省博物馆所藏为多。北京故宫博物院所藏西晋初年陆机《平复帖》和美国大都会艺术博物馆所藏唐人韩干《照夜白图》都曾是溥心畬旧藏。

溥心畬离开大陆后，启功就再没有机会和老师见面。在很多年里，他应该不能谈论学艺溥心畬的话题。1986年，启功在《记我的几位恩师》中并没有提溥心畬。1996年，八十四岁的启功写了长文《溥心畬先生南渡前的艺术生涯》，详细讲述自己和溥心畬的交往。文章结束的时候，启功说：

> 先生以书画享大名，其实在书上确实用过很大工夫，在画上则是从天资、胆量和腕力得来的居最大的比重。总之，如论先生的一生，说是诗人，是文人，是书人，是画人，都不能完全无所偏重或遗漏，只有"才人"二字，庶几可算比较概括吧！①

---

①启功：《溥心畬先生南渡前的艺术生涯》；载自《启功全集》第4卷(修订版)，北京师范大学出版社，2012年，第239页。

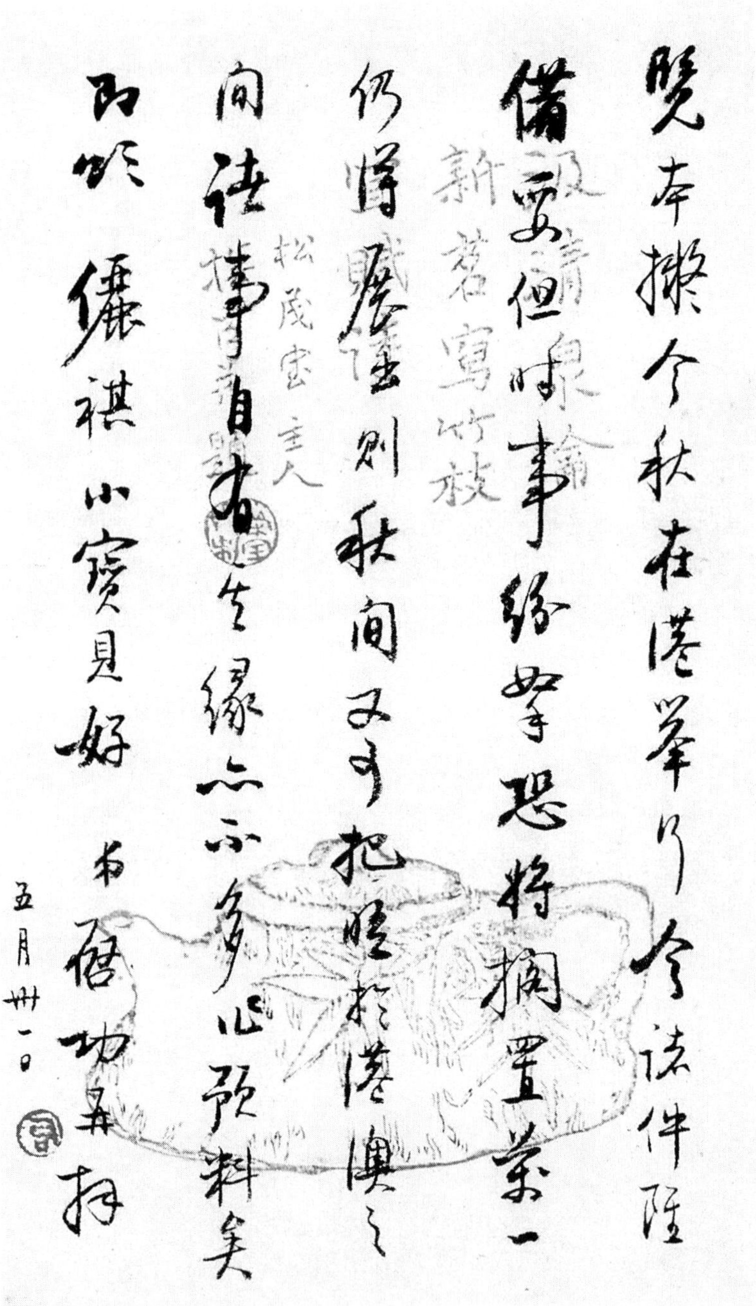
览本拟今秋在港举行，今该件陈
备要但时事缘故，恐将搁置。第一
仍得展出，则秋间或可把晤于港澳之
间。徒事自有生缘，亦不多心预料矣。
即颂
俪祺 小宝见好 弟启功再拜
五月卅一日

一扇黄山张大千 不伦不类齐白石

在溥心畬的朋友圈，令启功“最开眼界”且“终生难忘”的是见到了张大千，还得到了张、溥两位大师合作的一幅扇面。张大千，祖籍广东番禺，生于四川内江，是20世纪中国画坛最具传奇色彩的“泼墨画工”。其诗、书、画与齐白石、溥心畬齐名，故又并称为“南张北齐”和“南张北溥”，与黄君璧、溥心畬以“渡海三家”齐名。启功回忆说：

> 这两位泰斗聚在一起举行笔会，自然是难得的艺坛盛事，大家都前来观摩，二位也特别卖力气。只见大堂中间摆着一张大案子，二位面对面各坐一边，这边拿起画纸画两笔，即丢给对方，对方也同样。接过对方丢来的画稿，这方就根据原意再加几笔，然后再丢回去。没有事先的商定，也没有临时的交谈，完全根据对对方的理解，如此穿梭接力几回，一幅，不，应是一批精美的作品便产生了，而且张张都是神完气足，浑融一体，看不出有任何拼凑的痕迹。真让人领教了什么叫“心有灵犀一点通”，什么叫信手拈来，挥洒自如。不到三个小时就画了几十张，中间还给旁观的人画了几幅扇面，

我还得了张大千先生的一幅。最后两人各分了一半，拿回去题款钤印，没画好的再补完。①

扇面正面是张大千画的“黄山景物”，背面是溥心畬题写的五言律诗。启功保存了很多年，可惜后来丢了。

“南张北溥”中的两位，启功都见识过了。那“南张北齐”中的齐白石呢？

启功远房的叔祖开了一家棺材铺，曾给齐白石打过一口上好的棺材，因此与齐白石有一些交情。齐白石的画有市场，赚钱容易，于是这位叔祖就叫启功跟齐白石学习绘画。当时有人喜欢在自己的名字中用外来语，启功就开玩笑，洋腔洋调把齐白石说成“齐——white-stone”。

跟着齐白石，启功也开了眼。启功回忆说：

比如他善于画虾，没见他亲笔画之前，我不知他那神采飞扬的虾须是怎么画的，及至亲眼所见，才知道他不是转动手，而是转动纸，把纸转向不同的方向，而手总朝着一个方向画，这样更容易掌握手的力量和感觉，这就是窍门，这就是经验。又如一次我看他治印，他是直接把反体的印文写到石料上，对着镜子稍微调整一下。在刻一竖时，他先用刀对着竖向我说：“别人都是这边一刀，那边再一刀，我不，我就这么一刀，这就是所谓的单刀法。”说完，一刀下去，果然效果极佳，一边光顺顺的，一边麻渣渣的，金石气跃然刀下，这就是刀力，这就是功力。②

齐白石的作品“充满童趣和乡土气息”，颇令启功“神往”。齐白石画过一幅画，画的是一个妇女抱着一个小孩，小孩手里拿着一条柏树枝。

---

①启功：《启功自传》，北京师范大学出版社，2013，第57—58页。

②启功：《启功自传》，第58页。

窥园图

齐白石题曰：“小乖乖，拜寿去。”启功觉得好玩，就做了一首诗：

> 小乖乖，拜寿去。
> 老乖乖，多妙趣。
> 此是山翁得意处，我亦相随有奇句。

在启功这样爱深究的学者眼中，妙趣横生的齐白石有时候有点“不伦不类”。比如，齐白石论及清代书画家、扬州八怪之首的金农时，说：“金农的诗虽然不好，但词好。”

而启功记忆中，金农并无好词。于是，启功问齐白石：“你为什么说金农词好？”

齐白石回答说：“他是博学鸿词啊。”

所谓“博学鸿词”，源于唐代的“博学宏词科”，考拔能文之士，是科举制度外选拔人才的手段。到了清代，康熙、乾隆时曾两次举试，因避讳乾隆弘历之名，故改为博学鸿词。所试为诗、赋、论、经、史、制、策等，不限制秀才举人资格，不论已仕未仕，凡是督抚推荐的，都可以

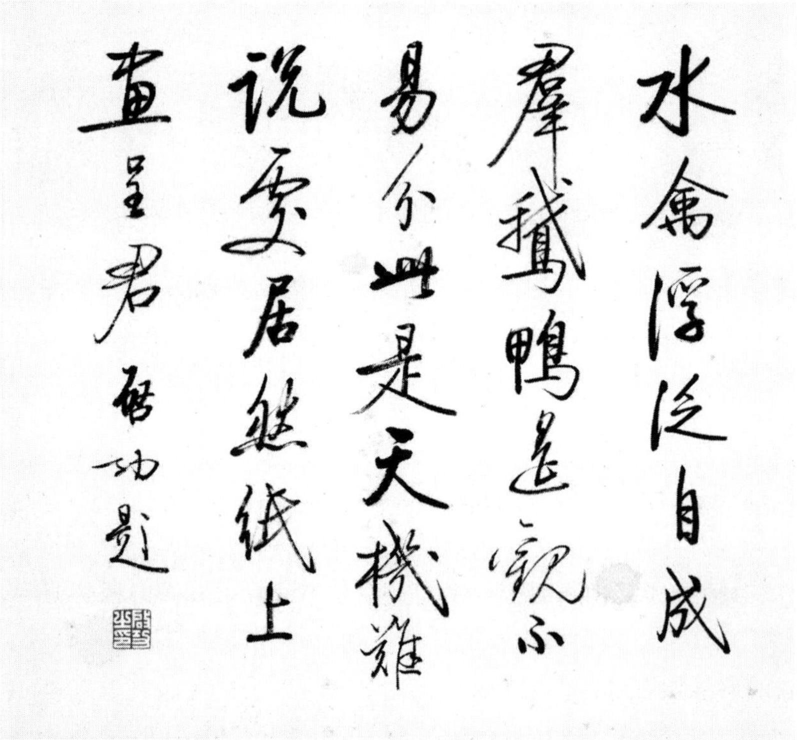

为《齐白石山水册》题诗（之一）

到北京考试，考试后便可以任官。

“博学鸿词”不是“诗词”，启功认为齐白石犯了个常识性错误。我对齐白石的文化基础了解不多，是真错了，还是“幽默”一把呢？无从知道。

齐白石给女学生写诗时，曾写过一句“乞余怜汝有私恩”。启功更觉得“不伦不类”。

即便这样，启功依旧尊敬齐白石。启功回忆说：

> 他也挺喜欢我，总管我叫“小孩儿”，常念叨：“那个小孩儿怎么老没来？”就凭这句话，我就应恭恭敬敬地叫他一声老师。①

在数位大师身边，在有益且开放的教学、交流环境中，启功长了见识，绘画逐渐入了道。他画的画不叫山水，叫中国画。李强说：“中国画分院画和文人画。什么叫院画？就是从宋朝开始的国家画院那些人画的画。什么叫文人画？就是从王维、苏东坡那些人开始，画心意。文人画没有抠得特别细，宫廷里的大场面写实、操练，文人画没有这种东西。文人画的根本是什么？第一跟书法一样，以典型的文人胸中抱负为基础；第二画出来的时候，就是启先生说的诗意，画的是诗的意思，画的是心里舒服。”②

---

①启功：《启功自传》，北京师范大学出版社，2013，第60页。

②《李强聊启功（一）》未刊稿，刘红庆2018年1月22日采访于北京师范大学出版社，弓宇杰根据录音整理。

彥先羸瘵恐難平復往屬初病慮不止此此已為慶承使唯男
幸為復失前憂耳　吳子楊往初來主吾不能盡臨西復來
威儀詳跱舉動成觀自軀體之美也思識、愛之邁前執
所恒有宜、稱之夏伯榮寇亂之際聞問不悉　一九六五夏　啟功臨

彥先羸瘵恐難平復往屬初病慮不止此此已為慶承使唯男幸為復失前憂
耳吳子楊往初來主吾不能盡臨西復來威儀詳跱舉動成觀自軀體之美
也思識、愛之邁前執所恒有宜、稱之夏伯榮寇亂之際聞問不悉　右陸士衡
帖所疏三人賀彥先多、病見於史傳餘不可考使唯耳吳恒伯問七字損殘並推釋　啟功

【第三编】

授业记曲

QIGONG SHUSHI

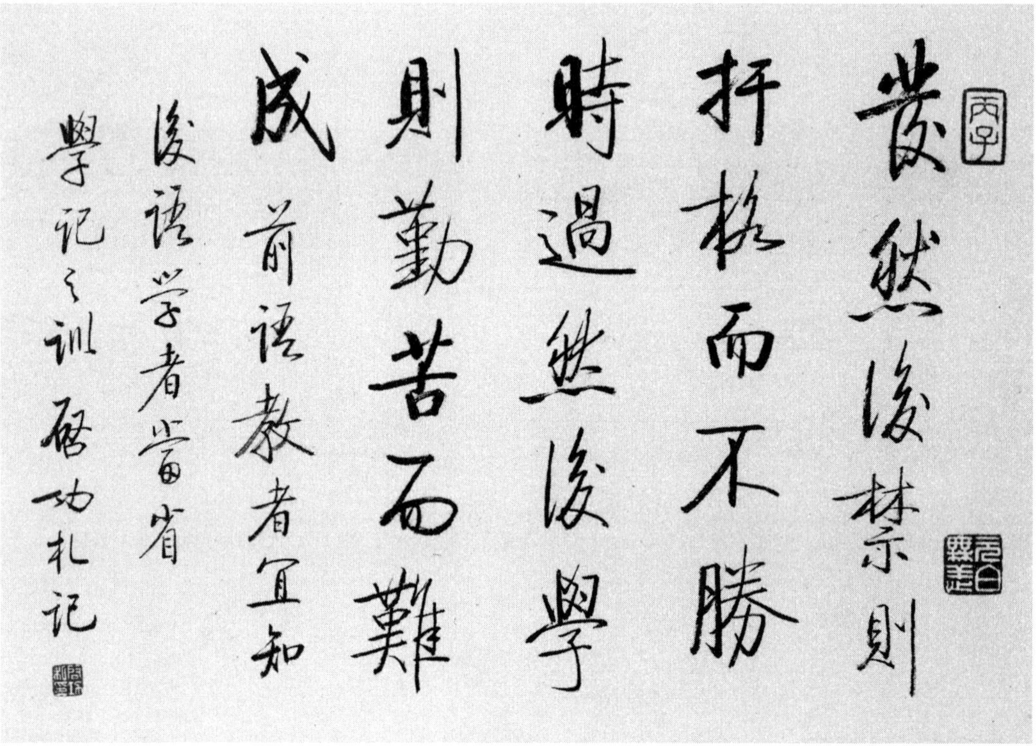

行书学记之训

辅仁门两出三进
恩师情一生万世

1931年“九一八”事变之后，东三省沦陷。1932年3月1日，日本扶持溥仪在东北建立了伪“满洲国”。据溥仪回忆说：“从这一天起，我真的不再睡懒觉，早早起来便到执政办公室去办公。我那时最忙的公事是去见求见我的人，除了各部总长，还有前清遗老、当地绅商，我是有求必见。往往从早上六点到晚上十一点，除了吃饭，我都在办公。”

虽然凭空多出来个“满洲国”，但是远在北京的启功，丝毫没有“家国”的归属感。这时，母亲和姑姑将一个满族姑娘章宝琛介绍给启功：“这就是我们为你选定的未婚妻！”

章宝琛生于1910年，比启功大两岁。因母亲去世得早，在继母跟前，章宝琛受了无数的罪。章宝琛相貌平常，没有文化，启功起初并不乐意接受。但母亲说：“你父亲去世得早，我们孤儿寡母日子艰难，你身边有个女人照顾，我们也就安心了！”于是，启功默认了这桩婚事，于1932年10月与章宝琛举办了简单的婚礼。启功曾有诗云：“先母抚孤儿，备历辛与苦。曾闻与妇言，似我亲生女。”

早年邵从煾、唐淮源募集的两千元钱，早在启功十八岁时就花光了。

陈垣先生（手里拿着启功写呈的折扇）

于是，启功中学肄业后，便靠在家馆教书维持生计。好在启功学了些绘画的手艺，偶尔出售画作贴补家用。

眼见启功的生计依旧无着落，有大义担当的邵从煾和唐淮源决定帮助到底。他们找到了另一位四川同乡、一样受教于启功曾祖溥良的傅增湘为启功寻求出路。傅增湘，四川江安人，1898年进士，1917年任教育总长。

傅老先生是我曾祖的门生，他在参加殿试时，我曾祖是阅卷官之一，在他的卷子上画过圈。傅老先生在当时是著名的社会名流和学者……北洋政府时，因教育成就显著，受任教育总长，后因不满

> 时政，尤其不满当局干涉蔡元培在北大的改革而辞职。后又将精力转向筹备辅仁大学的前身“辅仁社”，又任辅仁大学董事会董事长，对辅仁大学有开创之功……傅老先生与时任辅仁大学校长的陈垣先生交谊笃厚。他任教育总长时，陈校长任教育次长，他下野后，陈校长接任他做护理部务，掌管大印，相当于代理总长，后来辞去政务，应英敛之之请，专职任辅仁大学校长。二人之间可谓长期共事，于是傅老先生决定为我的事去找陈老校长。①

启功提到的英敛之，是谁呢？英敛之，满族，天主教徒，中国近代新闻出版家、慈善家、教育家。早年受康有为、梁启超影响，畅想国家变革，发表支持戊戌变法言论。1902年创办《大公报》。辛亥革命之后，创办女学、辅仁社、辅仁大学。英敛之的儿子叫英千里。英千里十三岁到欧洲留学，1924年大学毕业后回国参加辅仁大学的筹办。1949年离开大陆到了台湾，在台湾大学、辅仁大学任教。1929年，英千里生了个儿子叫英若诚。1933年，启功刚进辅仁的时候，英若诚才四岁。后来，英若诚因在北京人民艺术剧院的舞台上演出《龙须沟》《骆驼祥子》《茶馆》而名声大噪。

启功无须见英敛之，也能进入辅仁。

约好的日子，启功带着自己的文章和画好的扇面，登门拜访傅增湘。傅增湘叮嘱启功：“你就在这里等着，我马上去找援庵（陈垣的字）先生，你等我回来给你消息。”说罢，傅增湘拿着启功的文章和画作就去了陈垣家。可能等的时间比较长，或者说启功等得心切，后来他回忆说：

> 好不容易盼到傅来先生回来，他用平和的语气传达了令我激动的消息：“援庵先生说你写作俱佳。他的印象不错，可以去见他。”又叮嘱道：“无论能否得到工作的安排，你总要勤向陈先生请教，学

①启功:《启功自传》,北京师范大学出版社,2013,第61页。

到作学问的门径，这比得到一个职业还重要，一生受用不尽的。”[1]

就这样，启功有了亲见陈垣的机会。启功回忆：

> 初次见面还未免有些紧张，特别是见到他眉宇间透出的一股肃穆威严之气，甚至有些害怕。但他却十分和蔼地对我说道：“我的叔叔陈简墀和你祖父是同年的翰林，咱们还是世交呢！”一句话说得我放松下来，还产生了一种亲切感。[2]

陈垣1880年生于广东新会。启功第一次见到陈垣的时候，陈垣已经五十三岁。陈垣安排启功到辅仁附中教国文课。他了解到启功曾经教过家馆，便叮嘱启功：“教一班中学生与在私塾屋里教几个小孩子不同。你站在台上，他们坐在台下，人脸是对立的，但感情万不可对立。中学生，特别是初中一年级的孩子，正是淘气的时候，也正是脑筋最活跃的时候，对他们一定要以鼓励夸奖为主，不可对他们有偏爱，更不可偏恶，尤其不可随意讥诮讽刺学生，要爱护他们的自尊心。遇到学生淘气、不听话，你自己不要发脾气，你发一次，即使有效，以后再有更坏的事发生，又怎么发更大的脾气？万一无效，你怎么收场？你还年轻，但在讲台上就是师表，你要用你的本事让学生佩服你。”[3]

启功谨记教诲，认真上好每一节课。可惜，启功在辅仁附中工作了一年多一点的时间，便被学校解雇了。解雇启功的人叫张怀。

张怀，湖南长沙人。1920年赴法国勤工俭学，后获哲学硕士学、教育科学博士学位。1928年在欧洲多国考察教育。1929年归国任南京中央大学、北京辅仁大学教授、辅仁大学教育学院院长。

我们不能说张怀不懂教育，但他就是看不上且坚决不聘用启功这样

---

①启功:《启功自传》,北京师范大学出版社,2013,第64页。

②启功:《启功自传》,第64页。

③启功:《启功自传》,第64页。

青年启功

1947年12月，陈垣先生率启功等弟子在什刹海踏雪寻梅

没有文凭的教员。然而，陈垣并不这样认为。启功被附中解雇后，陈垣又安排启功到辅仁大学美术系任助教。在美术系，启功又干了一年多，张怀再次以“资历不够”为由，解雇了启功。

自己介绍来的人，两次被自己的下属解雇，陈垣非但没有迁怒于张怀，更没有和张怀叫板，而是以他自己的方式处理这个事情。启功回忆说：

当时陈校长有意安排我到校长室做秘书，便让柴德赓先生来征求我的意见。我当然想去，以便有更多的机会接触陈校长，但我的处世态度有点守旧，先要照例客气一番：“我没做过这样的工作，我怕能力不够，难以胜任啊！”柴德赓回去向陈校长汇报时却说，“启功对我郑重其事地说他不愿来”，这真叫我有口难言。于是他把一个和自己非常熟悉的学生安排了进去，也许我那番“谦逊”的话正中柴德赓先生的下怀，他很想借这个机会安排一个人，以便更多地了解、接触陈校长。后来陈校长见到我就问：“你为什么不愿来呢？你还应好好学习啊！”我一听就知道陈校长误会了，但也无法解释了。就这样我不得不暂时离开辅仁，结束了我二进辅仁的经历。①

这位柴德赓是浙江诸暨人，历史学家、教育家，辅仁大学历史系教授，北京师范大学历史系教授兼系主任，是陈垣学术的传人之一。

张怀后来做了北京市参议院参议员，1946年11月15日，中华民国国民大会在南京召开，张怀是“国大代表”之一。1948年，他离开大陆，之后又回到北京。一向写顺口溜调侃好友取乐的启功，写道：

院长××真不赖，市参议员国大代。

……

事不祥，腿要快，飞机不来坐以待。②

启功两进两出辅仁，时间就到了1937年。卢沟桥事变之后，北平一片混乱，大量难民涌进城市，连昔日的小康人家也陷入困顿。失业在家的启功回到跑教馆、卖画的艰难状态。1938年3月，因生活所迫，启功经人介绍进北京伪政府秘书厅做了个助理员，每月三十元钱工资，勉强维持生活。

三个来月之后，陈垣再次找到启功，关切地问：“你现在有事做没有？”启功厌倦了在伪政府的工作，就说：“没有。”陈垣说：“那好，真没事，九月份发聘书，你就回辅仁跟我教大一国文吧！”

1938年9月，启功第三次进了辅仁。

---

①启功:《启功自传》,北京师范大学出版社,2013,第65页。

②启功:《启功自传》,第81页。

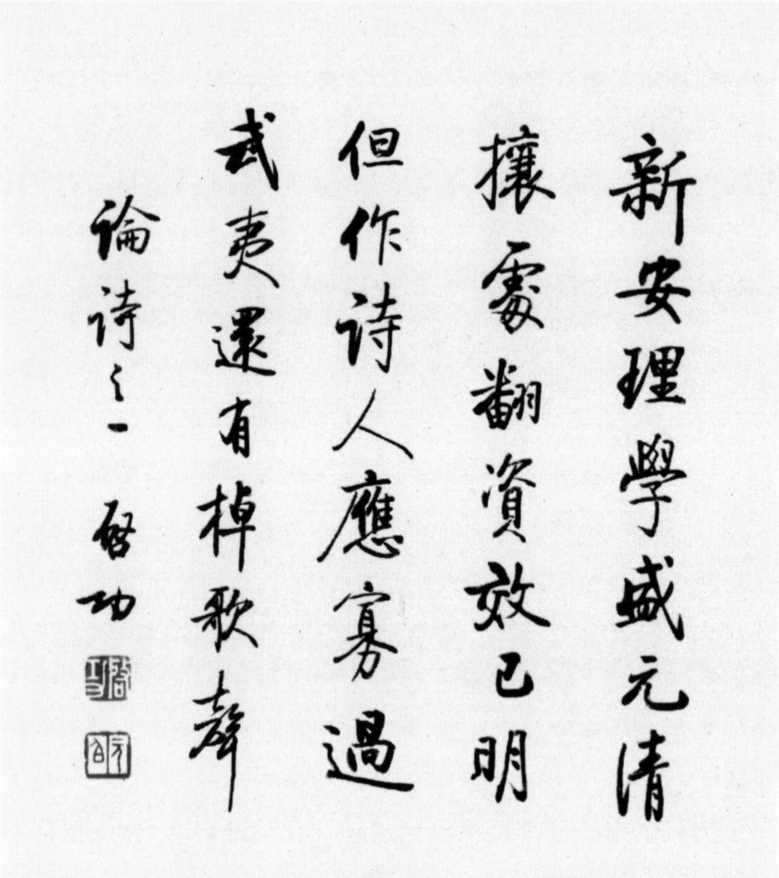

论诗之一

师有大德勤助力 少无宦情守辅仁

在日伪统治下的“北京”，没有南迁而继续招生的辅仁大学，各项工作已经很难展开。日伪政府要求各机关、学校悬挂日伪国旗，陈垣坚决不挂。日伪政府强令群众、学生游行庆祝，辅仁大学一样拒绝。陈垣说：“我们国土丧失，只有悲痛，要庆祝，办不到！”①

一个日本学者找陈垣题字，陈垣写道：“煮豆燃豆萁，豆在釜中泣，本是同根生，相煎何太急！”

1938年秋天，启功正式成为辅仁大学的教师。这年，他二十六岁，虽没有中学毕业证，但登上了大学的讲台。“合格不合格”？见仁见智了。

陈垣安排启功等年轻教师每人在大一年级带一个班的国文，自己也带一个班。启功回忆说：

> 他一边教他那班学生，还要带我们这“班”青年教师，我们可以在同一课程内直接向他请教，请他指点，这不是天赐良机吗？也

①参见《中国民族报》2016年7月19日“宗教版”。

1947年12月，在陈垣兴化寺街旧居合影

可以说，陈校长为培养我们这些人，特意创造了一个可以手把手教我们的机会。他提携诱导年轻后学真是煞费苦心。他在开学之前又谆谆教导我说："这次教大学生又和中学生不同。大学生知识多了，他们会提出很多问题，教一堂课一定要把有关的内容都预备到，要设想到学生会提出什么问题，免得到时被动。要善于疏通课堂空气，不要老是站在讲台上讲，要适当地到学生座位中间走一走，一方面可以知道学生们在干什么，有没有偷懒、睡觉、看小说的？顺便看看自己板书的效果好不好，学生记下了没有，没有记下的就可顺便指点一下他们；更重要的是，这样可以创造一个深入他们的气氛，创造一个平等和谐的环境，让学生们觉得你平易近人、可亲可敬。到了大学更要重视学生实际能力的提高，要多让学生写作，所以上好作文课是非常重要的，批改作文一定要恰到好处，少了，他们不会有真正的收获；多了，就成了你给他重做，最好的办法是面批，直接告诉他们优缺点在哪里，他们要有疑问，可以当面讲解，这样

效果最好。要把发现的问题随时记在教课笔记上，以便以后随时举例，解决一些普遍性的问题。”①

在同一年级带同样的课，启功就常常跑到陈垣校长的课堂上取经。同时，陈垣也经常到启功的课堂上把关。每次听了启功的课，陈垣都要指点一下，以肯定为主，倘发现不足也是以商量的口吻提醒启功改进。

国文课的一部分，是书法，或者说，书法是国文课的组成部分。国文教师同时讲授书法在当时是正常现象。在传统文化的传承中，“作文”与“写字”是内容和形式的高度融合，而不是将“文”与“字”分开。这比今天把“文学院”和“书法学院”分置不知要合理多少倍。所以，启功还要教书法。这恰是启功的优势，因为他经过多年熏陶，对碑帖有了较深的研究。启功后来写过一首《贺新郎·癖嗜》：

癖嗜生来坏，却无关，虫鱼玩好，衣冠穿戴。历代法书金石刻，哪怕单篇碎块。我看着全都可爱。一片模糊残点画，读成文，拍案连称快。自己觉，还不赖。　西陲写本零头在。更如同，精金美玉，心房脑盖。黄白麻笺分软硬，晋魏隋唐时代。笔法有，方圆流派。烟墨浆糊沾满手，揭还粘，躁性偏多耐。这件事，真奇怪！②

陈垣知道启功长于碑帖，就建议启功将法帖制作成幻灯片，让学生们在历代名帖中感受书法艺术。为了让学生更加清楚地看到法帖幻灯，他还把启功的书法讲座安排到阶梯教室进行。陈垣亲自坐镇担任指挥，老校长与新教员联袂奉献了一场大学里的书法“双簧拉洋片”。启功回忆说：

①启功:《启功自传》,北京师范大学出版社,2013,第67—68页。

②启功:《清空如话》,北京师范大学出版社,2013,第82页。

他用为上几何课预备的木尺敲桌子，每敲一下，管放映的人就放一张新幻灯片。这时课堂上就会爆发出一阵感慨声，看到好的，大家会由衷地表示赞叹，看到不怎么样的，如“龙门造像”中有的作品本来就很差，再一放大就更难看了，大家就会发出嘲笑声。等到感慨声稍微平静下来，我就给他们具体讲解这件书法作品的有关知识，并从用笔、结字、行气、篇章详细分析它的特点。讲得差不多了，陈校长就用尺子再敲一下桌子，于是又进入下一张的欣赏和讲解。我至今还清楚地记得老校长当时敲桌子的神采，那微笑的神情分明是对我的鼓励，我讲起来也特别能放得开，准备的讲得很充分，没准备的即兴发挥得也很生动……同学们听得也格外带劲，一堂课很快就结束了。①

手把手教年轻教师做受学生欢迎的“好教员”，发挥年轻教师所长，把课堂办出趣味，陈垣身为一代“教育宗师”当之无愧。但他对启功等一众年轻人的帮助远不止此。那时候虽没有逼着教师写论文的“硬”制度，但是陈垣倡导年轻教师搞研究、写论文，鼓励他们根据每个人不同的积累和兴趣，为年轻人“开题”“谋篇”。

陈垣问启功：“原来你都读过什么书？其中哪些读得最多、最熟、最有兴趣？这一定要从自己的实际情况出发。”

启功回答说：“我原来随戴先生读了很多经史一类的书，但我的兴趣还在艺术方面，我也接触、积累了很多这方面的知识。”

陈垣接话：“那很好，艺术方面有很多专门的知识，没有一定实践经验和切实修养，还做不了这方面的研究，你很适合做这些题目。”在陈垣的鼓励下，启功写的第一篇论文就是有关《急就篇》的研究。

早在汉元帝（前48—前33）时，有一个叫“史游”的文学家、教育家、书法家。他在当时任过“黄门令”，是一个中等级的太监。他把姓氏

①启功：《启功自传》，北京师范大学出版社，2013，第69页。

与陈垣先生等人合影

人名、饮食、器物、服饰等常识用比较规整的句式罗列在一起，因其开篇第一句是“急就奇觚与众异”，后世便以“急就章”或“急就篇”名之。这是我国古代的儿童启蒙读物。所谓“急就奇觚与众异”，便是指“与其他读物不一样的少儿速成读物”。

《急就篇》才一千多字，涉及教育话题、文化话题，也讲述了书法演变的脉络。从《急就篇》产生起，两千多年里，版本很多。1946年，启功完成了论文《〈急就篇〉传本考》。这是启功第一篇正儿八经的论文，发表于《辅仁学志》。启功回忆说：

《急就篇》本是史游编的童蒙识字课本，很多书法家都喜欢书写它，就像后来许多人喜欢书写《千字文》一样，因此流传下大量的法帖。在论文写作的过程中，老师也给了我很多具体意见和知识，

与恩师陈垣先生合影

再次体现了他的博学多闻。特别是这篇文章的题目究竟怎样命名为好，因为这里面牵扯到一个重要的概念——“章草”。“章草”究竟指什么，老师早就对这一概念发生过疑问。因为《急就篇》又称《急就章》，又是用章草一体所写，所以后世竟有人以“章草”代称“急就章”。这样一来，章草的概念就非常混乱……不管怎样，老师给我提出了一个很好的思路，即由辨明概念入手，才能把这篇文章写好。经过与老师反复地斟酌、推敲，最后才定下文章的题目：《急就篇传本考》，对以上问题进行了考辨，并对失传及在传的版本进行了详细的整理，完成了我的第一篇论文。①

1945年日本投降后，国民党要员到北平设宴招待知识界精英，陈垣、启功都在受邀之列。国民党要员不体谅大家在沦陷后坚持操办教育的苦衷，一味责备知识界的“消沉”。陈垣拍案而起：“你们说我们消沉，也不问问我们为什么消沉？不问问我们这些年是怎么熬过来？是怎样在日本人的压迫下过着非人生活的?”

后来，英千里当上了北平市教育局局长，因都曾在辅仁供职，英千里想让启功到教育局负责一个科室。因为工资高辅仁很多，启功还真就动了心，便和朋友们商量，但莫衷一是，也没有结果。于是，他又向陈垣请教。

陈垣问：“你母亲愿意不愿意?”

启功答：“她不太懂得，让我请教老师。”

陈垣追问：“你自己觉得怎样?”

启功答：“我少无宦情。”

陈垣听到这样的回答，捋着胡子哈哈大笑，说：“既然你并无宦情，我就可以直接告诉你：学校送给你的是聘书，你是教师，是宾客；衙门里发给你的是委任状，你是属员，是官吏。你想想看，你适合干哪个?”②

启功“恍然大悟”，回家写信婉拒了英千里的好意。这封信，他专门拿去请陈垣看。陈垣看后说：“值三十元。”启功回忆说：

这话真是大有禅意，怎么理解都可以，但有一点是肯定的：在

①启功：《启功自传》，北京师范大学出版社，2013，第72—73页。

②启功：《启功自传》，第75页。

自己的人生道路上，我作出了一次重要的正确的选择。对我来说，这是无价之宝，而帮我指点迷津的恰是陈老师。他指导我怎样正确衡量自己，认识自己，怎样摆正自己的社会位置，选好自己的人生舞台。现在想起来，如果我当时从了政，即使干得再好，再顺利，至多使社会上多一个可多可少的官员而已，而我的专长和才华（姑且这样说）就不能得以发挥。所以陈校长不但是我的业务导师，更是我的人生导师。①

①启功：《启功自传》，北京师范大学出版社，2013，第75—76页。

淘气成性一翰林
僵死教条有左派

“好看的皮囊千篇一律，有趣的灵魂万里挑一。”启功愿意把生活中的“有趣”说成是“淘气”。二十六岁进入辅仁大学时，他正值青春年少，而与他同时在辅仁大学的一群青年才俊，个个家学深厚，见识超群。他们年纪相仿，差不了十岁，一起共事，“谊兼师友”，高谈阔论，意趣盎然。

启功的一众同事有：

牟润孙，祖籍山东，生于北京。1929年考取燕京大学国学研究所，1931年，师从经学大家柯劭忞习经史之学。

台静农，安徽人，北京大学研究所国学门肄业，1925年参加鲁迅发起成立的未名社创作短篇小说。1928年出版作品集《地之子》，1930年出版《建塔者》。

余逊，湖南人，1926年考入北京大学历史系，毕业后任助教。1935年进入中央研究院历史语言研究所。后被陈垣招致辅仁讲授秦汉史。

许诗英，浙江绍兴人，是鲁迅好友许寿裳的长子，1930年入清华大学，继而入研究院，师从赵元任、陈寅恪。

张鸿翔，河北人，辅仁大学史学系毕业，是陈垣的学生。1931年入北京大学研究所国学门，师从孟森。

刘厚滋，江苏人，是清末小说家刘鹗的孙子。1931年入北京大学研究所国学门，是史学研究生。

吴丰培，祖籍江苏，生于北京。1930年入北京大学研究所，是国学门研究生，师从朱希祖、孟森。1936年任北平研究院史学研究会编辑。

周祖谟，祖籍浙江，生于北京，1932年入北京大学，后任南京中央研究院历史语言研究所助理研究员。

启功回忆道：

> 我这个人本来就非常淘气，也时常犯点儿坏，心情一愉快，便时常针对时局和学校的一些事编些顺口溜……
>
> 编顺口溜是我的特长，其实我小的时候跟祖父学的那些东坡诗，如《游金山寺》等，就是那时的顺口溜，我早就训练有素，所以驾轻就熟，张口即来。编完后还要在相好的同人间传播一下，博得大家开怀一笑。这时，乖巧的柴德赓学兄就郑重其事地告诫我："千万别让老师知道！"①

这里的"老师"就特指陈垣了。那么，启功有哪些"犯坏"的事儿呢？

当时物价不稳定，本来两个银元能买一袋白面，但实际情况是时涨时落，于是学校时而收银元，时而收白面。收上银元，白面涨价了；收上白面，银元又落价了。闹得学校后勤左右为难，导致连学生吃饭都成了问题。启功道：

---

①启功：《启功自传》，北京师范大学出版社，2013，第80—81页。

1947年在烤肉季聚餐(左起:柴德赓、刘乃崇、启功、陈垣)

……

银元涨，要银元，银元落，要白面。
买俩卖俩来回算，算来算去都不赚。
算得会计花了眼，算得学生吃不上饭。
抛出惟恐赔了钱，砸在手里更难办。[①]

当时辅仁大学美术系的西洋画教学，不是摆块石膏画素描，就是从街上“廉价”地找两个人来，算是“模特写生”。启功道：

①启功:《启功自传》,北京师范大学出版社,2013,第80页。

美术系，别生气。
泥捏象牙塔，艺术小坟地。
一个石膏像，挡住生殖器。
两个老模特，似有夫妻意。
衣冠齐楚不斜视，坐在一旁等上祭。
画成模像展览会上选，挂在他家影堂去。[①]

青年才俊余逊也淘气。当时辅仁大学国文系有个系主任，只要说起自己看不上的人，总是一句：“这是个混账王八蛋。”他还愿意卖弄勤奋、广闻，常常吹嘘：“我昨天又得到了一些新材料。”可是，倘若其他人有观点或取得一点成绩，他又冷冷淡淡，似有嫉妒地说什么“也不怎么高明”“也没什么必要”等等。年轻人听多了，都反感这位系主任，余逊就编出了顺口溜并在年轻教师中流传：

有一个混账王八蛋，偶尔得了些新材料，
也不怎么高明，也没什么必要。[②]

老师们如此，学生呢？那时的学生，把平时异常严厉而期末考试多给及格的老师，称为“兽面人心”；把平时和颜悦色、考试故意刁难的老师称为“人面兽心”；而平时严厉考试又有阴招的老师，被学生称为“兽面兽心”。启功疑惑地问学生：“有没有‘人面人心’的老师呢？”学生回答：“尚未发现！”

哈哈哈哈，在20世纪30年代到40年代的辅仁大学那个文化圈里，听到这样有趣的顺口溜或笑话，你怎么能忍住不发笑呢？

辅仁大学教员休息室给青年启功留下难以磨灭的好印象，成了启功

①启功：《启功自传》，北京师范大学出版社，2013，第81页。

②启功：《启功自传》，第82页。

踏雪寻梅(1947年)

学习的课堂。因为不同系的教师，上课前、下课后，都会到这里坐坐、聊聊，甚至陈垣也会来。启功说：

> 辅仁大学内给我印象最深的地方之一是教员休息室，那里可以称得上是真正的"学术沙龙"，大家自发地在那里组织各种轻松自由的读书会。大家都愿意早来会儿，晚走会儿，或者干脆特意到这里坐一坐，海阔天空地聊一聊，来的又都是各专业的专家，无拘无束，没有一定的话题，没有固定的程序，大家就最近所看的书、所发现的问题，随便借一个话茬就发表一些见解，各说各的，用不着长篇大论，三言两语，点到为止，反而更显真知灼见。[①]

这间大屋子里总是学术空气浓浓的。抗战了，大家讨论无不慷慨激

①启功:《启功自传》,北京师范大学出版社,2013,第86—87页。

余逊、启功、柴德赓、周祖谟合影（1948年4月）

昂。敌人反动高压加强后，这个屋中还潜流着天地正气。

这个屋子并不是“俱乐部”，而是个大讲堂。可以说，这里边有任何讲堂中学不到的东西。对当时社会上、学术中变节事敌的人的批评自不待言，学术上有某人的一篇文章在报纸杂志上刊出，一本著作，以至什么书籍的出版，都可以听到很重要的评论。那些评论哪怕片语只词，往往有深重的意义。“顺藤摸瓜”，回去自己再找那文、那书来看，真收获“问一得三”之益，实际是“听一得三”的。

古书版本，哪家注释好，哪本错字多，哪家诗文如何，哪种“名著”“不值一看”。哪个字怎么讲，怎么写，是“木”旁、是“手”旁。诸如此类，从大到小，小到偏旁点画的问题，都总会使我有“虚往实归”之感。[①]

国家动荡，时事难测，不少才俊陆续离开了辅仁，后来就剩下余逊、柴德赓、周祖谟和启功四人还在陈垣身边。他们不时到陈垣家中请教，遂有了“四翰林”“南书房四行走”的称谓。启功说：“按年龄‘序齿’，应该是余逊、柴德赓、启功和周祖谟。”

1949年，又是中国历史的一个分界线。当时，蒋介石明令，保证中央研究院率先搬迁，于是八十一名院士中，九人到了台湾，而陈垣、陈寅恪、李四光等六十人留在了大陆。陈垣读了埃德加·斯诺的《西行漫记》，仿佛“看到了老解放区十几年前就有了良好的政治……深深地受到感动”。他写信说：“政府来电并派飞机来接，都未成行，后又敦促数次，均婉谢，因无走之必要也。”他致信胡适：“在北平解放的前夕，南京政府三番两次地用飞机来接，我想虽然你和陈寅恪先生已经走了，但青年的学生们却用行动告诉了我，他们在等待光明，他们在迎接新的社会，我知道新力量已经成长……”

年轻的启功还算不得顶级的学者，大约没有人一定拉他走。即使有人拉，他也不会走，毕竟母亲、姑姑都还在，一个人走算什么事儿？

他和陈垣一起到西直门迎接解放军进城，迎接新的生活。

1952年，中国高等学校效仿苏联模式，开始院系调整，辅仁大学就此也走到了尽头。当时国内的大学不少有外国教会背景，辅仁大学即是其中之一。那时占主流的观点认为，教会大学是帝国主义文化侵略的工具。而20世纪初的北平四大名校——北大、清华、燕京、辅仁中的后两所都是教会大学。于是，辅仁大学和其他院校的法学、政治学、社会学等学科组合并，建成立北京政法学院，其经济系归入了中央财经学院，余下的辅仁大学系科并入北京师范大学。

①启功：《“上大学”》，载自《启功全集》第4卷（修订版），北京师范大学出版社，2012，第187页。

辅仁大学并入后的北京师范大学，由陈垣担任校长。

进入北京师范大学的启功，在中文系做教师。这年，他四十岁。他做了三十七年中华民国的国民，做了十四年辅仁大学教师，而今成了中华人民共和国的公民，成了北京师范大学的教师。新的国家，新的学校，启功有什么看法？他回忆说：

> 这时建国大略是向苏联学习，各行各业都要学，惟苏联马首是瞻，苏联怎么走，我们也怎么走；苏联有什么，我们也要有什么；苏联有谁，我们也要有谁，而且要叫“中国的”谁谁谁，如吴运铎就叫中国的“保尔·柯察金”，黄继光就叫中国的“马特洛索夫”，王崇伦就叫中国的“斯达汉诺夫”。教育战线当然也不例外，苏联按教研室构制，中国也要按教研室构制；苏联有教学大纲，中国也要有教学大纲……比如苏联（其实那时还没有苏联呢）有一个最伟大的诗人，被加上诸如“人民诗人”“爱国诗人”头衔的普希金，那中国谁可以和他相比呢？……都不合适，于是找来找去找到一个屈原，屈原就成了“中国的普希金”……屈原的伟大又被简单化地归结为“长太息以掩涕兮，哀民生之多艰”……同样的道理，要想使杜甫能立得住，那杜甫的伟大就要归于“朱门酒肉臭，路有冻死骨”这一句上。试想，这样的教学大纲会多难产，即使产出来，也只能把一部活生生的中国文学史简单化为僵死的教条。[①]

一些从解放区来的干部，跟风跟得很紧。因为苏联在批判“绝对主义”，中国当然也要批，中国古典文学也要批。批什么？他们找到的靶子是“律诗”，因为“律诗”搞形式主义。启功和很多学者，对当时的风气有自己的主张，但是也不敢提反对意见。但这次，他还是没有忍住。启功回忆说：

---

①启功:《启功自传》,北京师范大学出版社,2013,第90页。

青年启功

当听到律诗是绝对主义，应该批判的“高论”后，我和施蛰存先生交换了一下眼色后，向他发难道：“如果律诗算绝对主义的话，那么绝句和词算什么呢？绝句在形式上可以看成律诗的一半，词在形式上可以看成长短句的诗，那绝句是不是可以称为‘半绝对主义’呢？词是不是可以称为‘自由绝对主义’呢？”气得他够戗。[①]

很多年之后，作家谌容在小说《人到中年》里塑造了一位副部长夫人秦波，早年参加革命，对别人满口马列主义，本质上自私自利，被称

①启功:《启功自传》,北京师范大学出版社,2013,第91页。

为“马列主义老太太”。历史使然，在高校出现一批“马列主义老太太”式的左派人物不足为奇。好在启功有自己的事做，他沉浸在自己的世界中，多数时候可以暂时不管窗外的风吹雨打。

书画鉴定新生代 注释红楼第一人

抗日战争胜利后，1924年由溥仪偷偷带出紫禁城散落在东北的一批古代书画珍品回流，出现在北平的文玩市场上。故宫博物院计划收购这些珍品。为了不至混进假画，博物院聘请了一批专家对这些珍品来一次验明身份。当时三十岁出头的启功，是受聘专家中最年轻的一位。

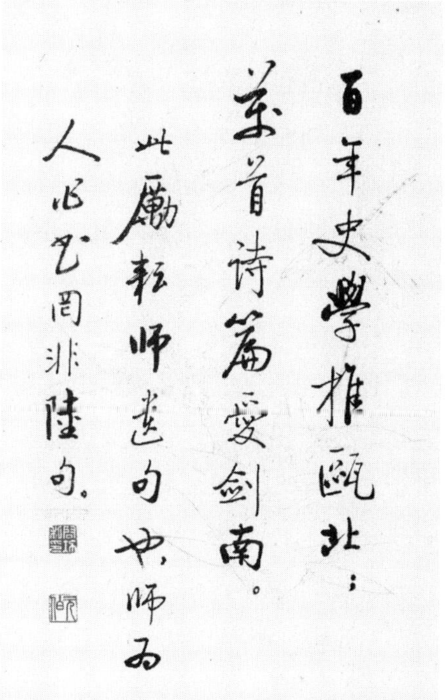

启功录陈垣先生遗句

启功对故宫旧藏不陌生，因为溥仪离开后，1925年就成立了“故宫博物院”，定期展出历代珍玩，其中书画对启功最有吸引力。从1927年起，启功就在老师贾羲民的指导下，认真观摩故宫精品。

这些作品经历千百年风雨后，直接挂墙上或摊桌上与年轻的启功默默相对，诉说着“无言的感慨”。启功曾不止一次说起：“故宫是我学习书画的好课堂。”

在故宫博物院的建设过程中，辅仁大学也有自己的贡献。时任校长的陈垣是故宫博物院理事、专门委员，教授沈兼士是故宫博物院文献馆馆长。沈兼士，祖籍浙江，生于陕西，1922年在北京大学创办研究所国学门并任主任，是清末档案整理的开拓者。启功当时被聘为故宫博物院专门委员，年纪最小。他回忆说：

> 当时沈兼士先生任文献馆馆长。他很有事业心，想重振文献事业，让故宫的这些老档（文献馆后来改名档案馆）在文物研究中发挥出重要作用。他聘请了一批学者，聘我为专门委员，具体做两项工作：在文献馆阅读整理档案材料，在古物馆鉴定书画。每月有六十元的车马费。刚进档案馆的时候，原来的老人有些看不起我，经常拿已整理发表过的稿子让我看。但我也不是好蒙的，遇到这些稿子，我一下就能指出：“这不是已经在某处发表过的稿子吗？”可他们总拿这类稿子试探我，我急了，去找沈兼士先生诉苦。沈先生大怒，他本来就不满这些老人所看的稿子，才把我叫去，于是好一顿斥责，他们再也不敢了。①

说起东北回流的文物鉴定，启功曾与胡适、徐悲鸿、张大千、马衡、陈垣、沈兼士一起工作过。这是一段非常难得的人生经历。第一次收购鉴定会，在故宫博物院院长马衡家中举行。马衡，浙江人，1922年任北京大学研究所国学门考古研究室主任，1924年参加清宫物品查点工作，1928年参与接管故宫博物院的工作，1934年任故宫博物院院长，抗战期间主持故宫文物西迁及维护。抗战胜利后，他主持故宫博物院复原工作。

①启功：《启功自传》，北京师范大学出版社，2013，第131页。

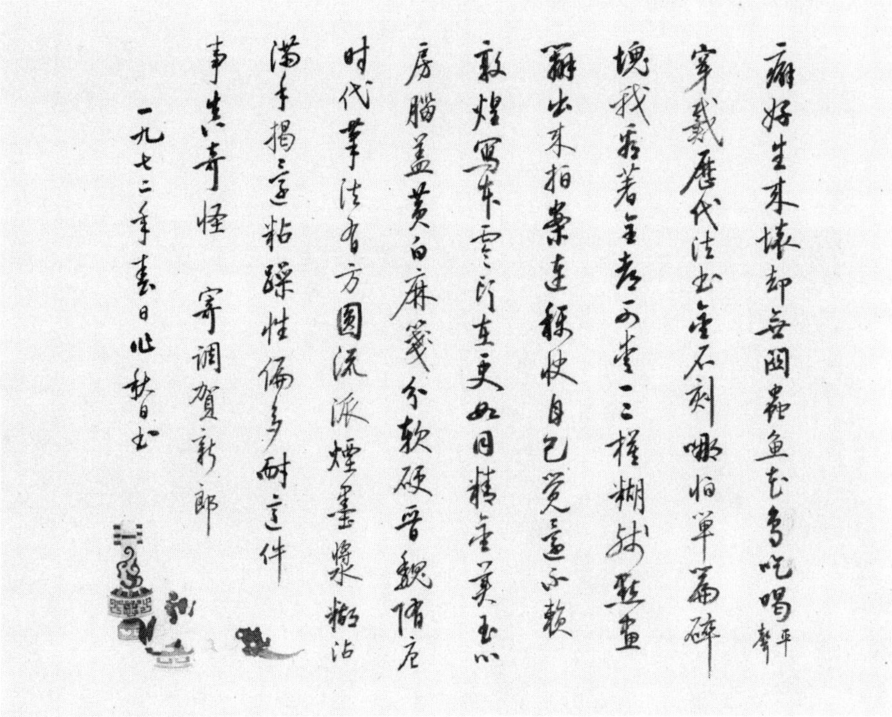

《贺新郎·癖嗜》(1972年)

在第一次收购鉴定会上，马衡展开一幅字，大声说：“鸡（鷄、雞）骚!”同仁们都笑成一团。原来，是无名氏假冒名家写的《离（離）骚》。

第二次收购鉴定会在故宫的绛雪轩举行，启功记得胡适请徐悲鸿鉴定一幅署名“明代画竹第一人”之称的夏昶的《墨竹》。徐悲鸿说：“像这样的作品，我们艺专的许多教师都能画得出!”①

即使在平津战役期间，故宫在马衡等专家们的呼吁和守护下得以完整保存。北平和平解放后，马衡留任故宫博物院院长。之后动荡不断，不少文物“离开”了故宫，“离开”了大陆，不少专家也远走他乡。而启功继续坚守着。启功说：

①启功:《启功自传》,北京师范大学出版社,2013,第132页。

启功与恩师陈垣先生

> 解放后我继续留任故宫专门委员，国家又成立了文物局，由郑振铎先生出任局长，王冶秋、王书庄先生任副局长。后来又由上海请来张珩先生任文物处的副处长，谢稚柳、徐邦达、朱家济先生任鉴定专家，力量一时大增。那时活动主要地点在北海公园南门团城的玉佛殿……在正堂放一个大案子，有需要看的东西，就放在上面……我们在团城也举行了多次收购鉴定会，澄清了许多名画的真伪问题。①

1952年，启功应邀为《红楼梦》作注释。启功对《红楼梦》熟悉吗？他自己回忆，在十几岁的时候，注意到母亲有一套《红楼梦》，但是母亲不允许他看。启功偷看了几次，但因为担心被母亲发现，每次都是匆匆翻阅，感觉其中多是“家长里短”“吃饭喝酒”。他主观地认为：“没什么可看，用不着那么神秘。但日后仔细阅读，其中讲究不少。”②

《红楼梦》的重要无须多讲。新中国成立的时候，“红楼梦”的时代结束还不算很久，但为人民大众服务的出版事业，要把《红楼梦》送到劳苦大众手里的时候，还是有一些阅读上的障碍需要解决。于是，启功承担了为《红楼梦》作注的任务。追随启功多年的侯刚说，启功是“注释《红楼梦》第一人”：

> 1952年，作家出版社决定整理出版《红楼梦》程乙本，由俞平伯先生负责校订。这部作品在生活背景、语言词汇各方面都有其时代和区域特点，特别是作品中使用的北京俗语、服饰式样、某些器物的形状和用途、清代的官制、描写的人物和人物的社会关系、生活制度与习惯、诗词内容等，有些还是很深奥的，不好理解，一般读者不熟悉，不容易读懂。为了帮助一般读者读懂这部名著，就要

①启功：《启功自传》，北京师范大学出版社，2013，第133页。

②参阅启功：《红楼梦·序》，载自曹雪芹《红楼梦》，北京师范大学出版社，2012年。

加上注释，经俞平伯先生推荐，作家出版社请启功先生为《红楼梦》作注释。俞先生说："注释《红楼梦》，非元白（启功的字）不可。"①

为什么非启功不可呢？因为启功是从贾宝玉所生活的那个环境中走过来的，虽然他当时只有四十岁。启功说："五十年代我为人民文学出版社的程乙本《红楼梦》作过注，这是解放后第一部注释本。由于我对满族的历史文化、风俗掌故比较熟悉，因此被认为是最合适的人选。"②作注，容易吗？启功说：

《红楼梦》需要注释，但注释起来，又不是那么省事的。一个典故的出处，一件器物的形成，要概括而准确的描述，颇为费力。即使极平常的一个语词，在那个具体的环境中，究竟怎么理解，也常常不是容易的。③

第二十八回有个词"不当家花拉的"，启功起初注释为"不了解"，后来觉得注释为"不应当""不应该""不敢当"更符合原意。

这本经启功注释的《红楼梦》后来由人民文学出版社多次再版，是新中国成立以来最畅销且认可度最高的经典版本，为普及经典名著发挥了无可替代的作用。

李强说：

《红楼梦》起初以手抄流传，后来有书商刻了一版。他刻的这版并不是曹雪芹交给他并从他这儿拿稿费，是传抄了一段时间，他就刻了。因为刻版的这个人姓程，第一版甲本就是第一次刻。这个版

①侯刚：《往事启功》，北京师范大学出版社，2017年，第102页。

②启功：《启功自传》，北京师范大学出版社，2013，第151页。

③启功：《红楼梦·序》；载自曹雪芹《红楼梦》，北京师范大学出版社，2012年。

本就叫程甲本。到把版子刷坏了，再印就重刻了一遍版，这个版本叫程乙本。程乙本与程甲本比，删了一万多字。20世纪20年代，胡适评论了《红楼梦》，手里拿的就是程乙本，所以后世人把程乙本当成标准本子。20世纪50年代，俞平伯张罗点校、加注，用的是程乙本。当时启功正是干活的年龄，在编辑组他比俞平伯辈分低，主要干活了。后来各个出版社乱印，也没有版权意识，所以遍天下《红楼梦》都是人民文学出版社的程乙本，启功加注的《红楼梦》就成了各出版社的祖本。所以启功为《红楼梦》普及是做了重要贡献的。[①]

①《李强聊启功(三)》未刊稿，刘红庆2018年2月6日采访于北京师范大学出版社，弓宇杰根据录音整理。

土多平曠林木翳然水至清
淺魚藻交映可以棲遲可以艇
遊可以泳游

汪琬文琴基錄 啓功

〔第四编〕

『文革』记晦

QIGONG SHUSHI

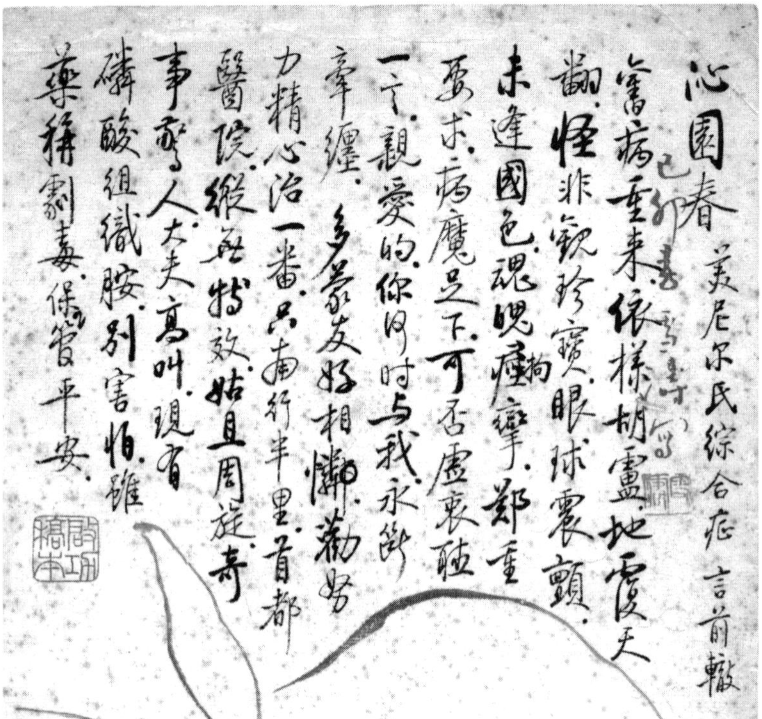

《沁园春·美尼尔氏综合症》(1975年)

双亲难留生已往 一言未发派成右

注释《红楼梦》，不仅解了千百万读者的困惑，对启功来说，更是救了个急！事情的缘由是这样的。启功工资低，家中无有积蓄，1957年母亲和姑姑先后生病去世，出版社给的稿费就在这最关键的时刻派上了用场。

启功与章宝琛成婚后，生活困顿，但妻子毫无怨言，连牢骚几句都没有。启功回忆说："她自己省吃俭用，有点好吃的，自己从不舍得吃，总要留给母亲、姑姑和我吃，能自己缝制的衣服一定自己动手，为的是尽量节省一些钱，不但要把一家日常的开销都计划好，还要为我留下特殊的需要：买书和一些我特别喜欢又不是太贵的书画。"启功用小诗铭记这份爱：

> 我饭美且精，你衣缝又补。
> 我剩钱买书，你甘心吃苦。

1957年，大规模的反击右派斗争开始了。家里的母亲和姑姑接连病倒，启功陷入人生的大困顿中，不免悲从中来。母亲去世了，启功到北京南城一家寿衣店采办所需用品，途中碰上叶恭绰。叶恭绰看到启功沮丧着脸，就打听缘由。启功把自己的不幸身世和孤儿寡母的艰辛说了一遍，叶恭绰说："我也是孤儿。"[①]两人流着泪互相安慰了半晌。

这段最艰难的岁月里，启功最感念妻子的付出。他回忆说：

> 那时政治气候相当紧张，为了应付政治运动，我不得不把大部分精力投入到社会活动中，重病的母亲和姑姑几乎就靠我妻子一个人来照顾。那时的生活条件又不好，重活脏活、端屎端尿都落在她一人身上，如果只熬几天还好办，但她是成年累月地忙碌。看着她日益消瘦的身体，我心痛至极，直到送终发丧，才稍微松了一口气。我没有别的能感谢她，只好请她坐在椅子上，恭恭敬敬地叫她一声"姐姐"，给她磕一个头。[②]

这一年，北京师范大学的教授职称评议工作开始了。若从1933年入辅仁附中算起，启功的教龄已二十四年；若从1938年进辅仁大学算起，教龄也有十九年了。在陈垣主持的职称评议会上，启功全票通过。他记得音乐系老志诚跟他说："祝贺你，百分之百通过，赞成你任教授。"

可惜，屁股还没有把"教授"的小板凳焐热，他就被打成了右派。职称、工资双降级，他被打回"原形"——副教授。可启功为什么会被打成右派呢？启功回忆说：

> 我是1958年被补划为右派的，而且划定单位也不是我关系所在

①参见启功：《启功自传》，北京师范大学出版社，2013，第97页。

②启功：《启功自传》，第110—111页。

的北京师范大学，而是中国画院。而且别的右派大都有“言论”现行，即响应党“大鸣大放”的号召，给党提意见，说了些什么。我是全没有。[①]

既然纠缠在家事中，又从未有什么言论，启功怎么就成了右派了呢？

这还要从中国画院的成立说起。1956年，画家叶恭绰和陈半丁提议设立“研究中国画机构”，周恩来给予肯定。1957年5月14日，中国画院正式成立。成立典礼上，周恩来莅临讲话，强调中国画院是“创作、研究、培养人才、发展我国美术事业、加强对外文化交流的学术机构”。齐白石、叶恭绰、陈半丁、于非闇、徐燕荪、王雪涛、胡佩衡、吴镜汀、秦仲文、汪慎生、关松房、惠孝同、吴光宇等成为第一批入院的画家。名誉院长是齐白石，院长是叶恭绰。

叶恭绰与陈垣交谊很深，对陈垣身边的启功褒奖有加。他的原话是：“贵胄天潢之后常出一些聪明绝代人才。”贵胄天潢，也写成“天潢贵胄”，“天潢”指“皇族、宗室”，“贵胄”指“地位高贵的后代”，两者放一起，泛指皇族宗室子孙。这般以血统论启功，更多的是期待启功未来的成就。

叶恭绰年长启功三十多岁。他欣赏、喜欢、信赖启功，中国画院的一些事情，总是委托给四十来岁的启功去办。启功受托专程去上海的画院考察，学习人家的经验。启功与叶恭绰走得近，被仇视叶恭绰的人算成“叶的人”。启功回忆说：

而在这位先生眼中，我属于叶先生的死党，所以要打倒叶先生必须一并打倒我，而通过打倒叶先生周围的人也才能罗织罪名最终打倒他。于是我成了必然的牺牲品……但怎么找借口呢？……经过多方搜集挖掘，终于找到了这样一条罪状：我曾称赞过画家徐燕荪

①启功:《启功自传》,北京师范大学出版社,2013,第96页。

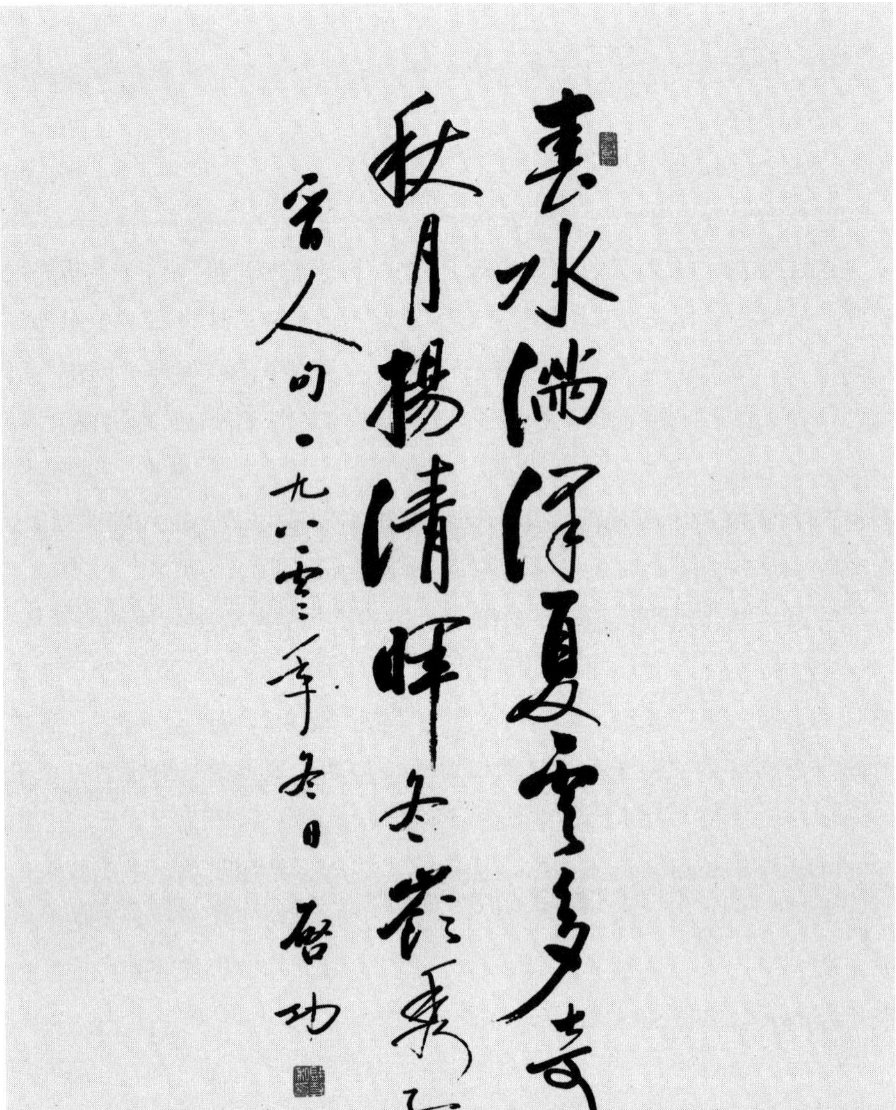

启功书法（1981年）

的画有个性风格，并引用了“春色满园关不住，一枝红杏出墙来”的诗句来形容称赞他代表的这一派画风在新时代中会有新希望。于是他们就根据这句话无限上纲，说我不满当时的大好形势，意欲脱离党的领导，大搞个人主义。①

启功和叶恭绰、徐燕荪都成了右派。据说，操办此事的邵宇是辽宁人，1936年参加民族解放先锋队并入党，1951年赴抗美援朝前线。侯刚曾和记者谈到启功，说：“他本来是北师大的人，借调到画院去帮忙。画院的党委书记邵宇不满意时任画院院长的叶恭绰，要把叶恭绰打成右派。启功是叶恭绰请来的人，遂也被打成了右派。那时候划右派是有名额的，给你这个单位要划多少右派，得凑够这个数目。启功是被凑成的右派，而且不是他的工作单位北师大给的，是画院给划的。那会儿中国画院正在筹建，他到南方去搞调查，回来就说他是‘黑高参’。他回来以后，老校长说：‘咦，怎么启功成了右派呢？’”②

回到家里，妻子知道启功在外面受了不公正待遇，但也无能为力，只剩下了哭泣。启功就宽慰妻子道：“咱们也谈不上冤枉。咱们是封建余孽。你想，资产阶级都要革咱们的命，更不用说要革资产阶级命的无产阶级了。现在革命需要抓一部分右派，不抓咱们抓谁？咱们能成‘左派’吗？不能，既然不是‘左派’，可不就是右派吗？”

母亲、姑姑此时都已去世，如果两位长辈在世，启功想，她们一定悔恨没把启功教育好，并日日为启功担惊受怕。

后来，邵宇还接任了启功在中国书法家协会的主席一职。在那个特殊的年代，批判启功最积极的是崔子范。崔子范是山东莱阳人，是一位画家。事情过去之后，崔子范见到启功还有点不好意思。启功主动说：“就好比唱戏，让你唱诸葛亮，让我唱马谡，也说不定什么时候你唱这角

①启功：《启功自传》，北京师范大学出版社，2013，第98页。

②参见：《专访助手侯刚：我所知道的启功先生》，载于《南方都市报》2015年7月8日。

让我唱那角，戏唱完了就过去了。”[①]

人生真的是唱戏吗？1958年，启功真像唱戏一样轻松吗？

①侯刚、章景怀编著:《启功年谱》,北京师范大学出版社,2013,第198页。

先来论古代字体 再细品诗文声律

启功从小是在绘画上下过功夫的，“画家”是他的第一个人生目标。因为师承的关系，启功的画“属于文人画中比较规矩的那一类”。但他懂得用绘画抒情，已达到相当的境界，每有作品参展，均受好评。

叶恭绰筹备中国画院之时，启功满怀热情参与其中。陈垣建议他把一半的精力放在中国画院，也是看好启功在绘画上有发展前途。倘若没有突如其来的右派风波，启功进中国画院成了职业画家，也许今天评价启功就是另一番样子了！

可惜，一顶右派帽子，断送了启功“画家”之路。启功回忆说：

> 一来因在画院为搞我最喜爱的绘画事业而被打成右派，这不能不使我一提到绘画就心灰意冷，甚至害怕……二来在以后的工作中，特别强调专业思想，我既已彻底离开画院，那一半也就回到师大，彻底地成为一名古典文学的教师，在画画就属于专业思想不巩固，

不务正业了。[1]

就这样，启功的“画家梦”停留在了1957年之前。回到师大又如何呢？因为右派帽子在头上，他成了“人民的敌人”，怎么有资格再登上大学讲台传道授业解惑呢？如果让右派上课，那我们的大学培养出的是什么人才？为谁服务？

照这样的思路，启功无权登台，不能带课。那怎么办？除了写检讨、做检查，不能画画的启功继续在比较安全的“文字”下深入思考着。他没有气馁，悄悄开始了研究和写作，写中国文字。难道是“中国书法史”吗？不是，书法应该是书写艺术史，他不是没有思考，但是觉得应该比“艺术史”更基础一些。是“中国书写史”吗？不是，书写史，应该侧重谈内容，那就是文学史了。而启功谈的是“汉字的演变史”。汉字演变，内在逻辑关系不很清晰，或者说一时半会说不清晰，启功谦虚地命名这本书为《古代字体论稿》。

应该是在1959年挨批、写检查、劳动的间隙，他完成了《关于古代字体的一些问题》，回避谈论涉及思想内容的东西，重在研究“文字的形状”。作为中文系教师，研究“文字的形状”可以说是非常本分的事情。启功写道：

中国汉字的发展，自商代到今天，足有四千多年的历史。它标志着中国历史的悠久绵长，从来未曾中断。它的形状变化，异常复杂多样，尤其文献所载的字体名称和实物中所见到的字体形状，又往往对不上头。于是给后代对于文字的辨识，对于古代文字发展的探索，以及对于某些古文物或古书真伪的判断等等方面，都留下了许多问题。[2]

①启功:《启功自传》,北京师范大学出版社,2013,第123页。

②启功:《古代字体论稿》,文物出版社,1964,第1页。

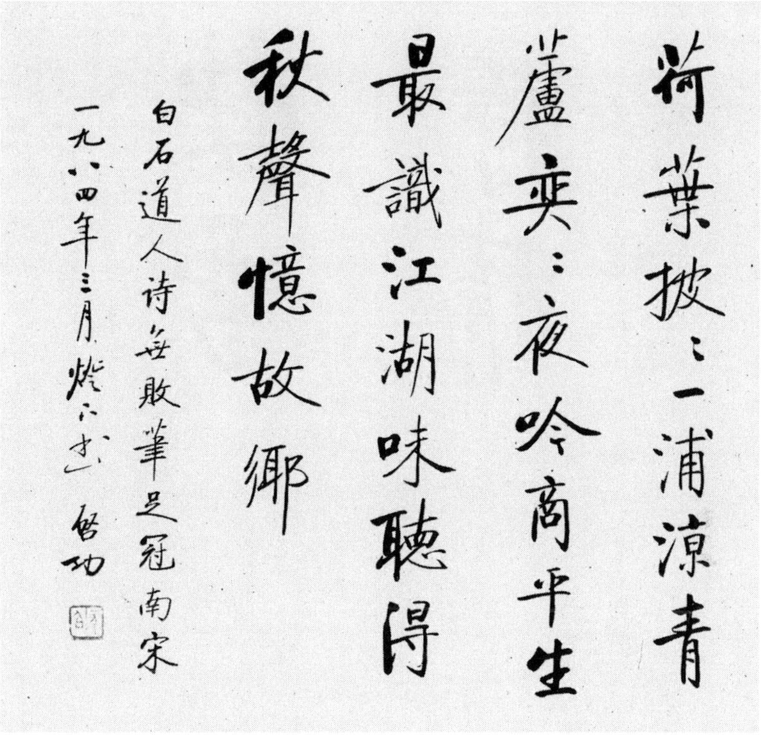

启功书法（1984年）

这段开场白，言简意赅，却切中问题本质。他对汉字的研究是有的放矢，不论革命与否，派左派右，都离不开“文字”这个工具，离不开对“对古代文字”的理解。经历1960年边下放劳动边思考，经历1961年边讲授边补充，到了1962年，《古代字体论槁》基本完成。这是启功的第一本学术著作，是在颇为压抑的环境中艰难完成的。

启功说：

1963年，我根据一篇发表过的、读者反映很好的论文，经过多年的修订补充，整理成一本专著《古代字体论稿》，出版前我想请老师题签。老师非常高兴，问我：“你出版过专著吗？”我说：“这是第

启功书法（1991年）

> 一本。”又问了一些有关情况后，忽然问我：“你今年多大岁数了？”我说：“五十一岁。”老师又忽然放下我，历数起很多学者的寿命来：“全谢山（祖望）只五十岁，戴东原（震）只五十四岁……”正当我摸不着头脑的时候，老师忽然又语重心长地对我说：“你要好好努力啊！”说罢欣然命笔。我愣了一刻，终于明白了他的良苦用心：他一方面为我的成长高兴，高兴得好像一个孩子，看到自己浇过水的小草开花结子，便高兴地喊人来看；一方面又以长者的经验告诫我，人生苦短，时不我待，要抓紧大好时光多出书。[①]

五十一岁，完成自己的第一本专著，与今天满大街著作等身的博士、专家比，确实是非常汗颜的事情。但是，启功做事扎实，不着急，也着急不得。

1957年的反右运动中，有五十五万人被打成右派。运动开始不久，人们发现有的人确实是被莫名其妙扣上帽子的，于是就启动了部分“摘帽”。启功头上的右派帽子，仅仅过了一年多就被摘掉了，还是北京师范

①启功：《启功自传》，北京师范大学出版社，2013，第76页。

大学给他摘的。那么，右派是真敌人，“摘帽”右派可能算不得敌人了，但也未必是好人。一般人，怎么分辨右派和“摘帽”右派呢？确实有点犯难。启功回忆说：

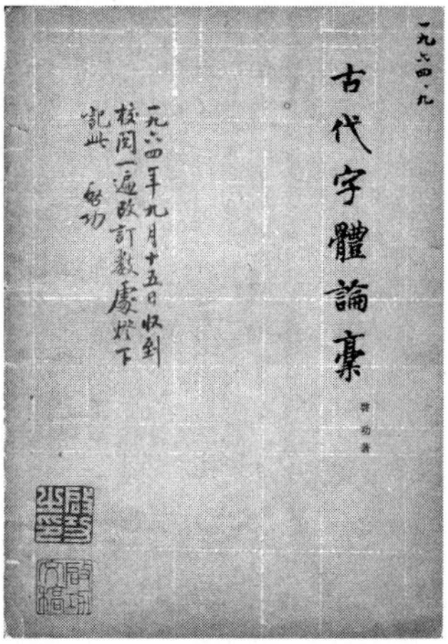

《古代字体论稿》封面

当时对“摘帽右派”有这样一句非常经典的话，叫“帽子拿在群众手中”——不老实随时可以给你再戴上。我十分清楚这一点，日久天长就成了口头语。比如冬天出门找帽子戴，如发现是别人替我拿着，我会马上脱口而出：“帽子拿在群众手中”；如自己取来帽子，马上会脱口而出：“帽子拿在自己手中。”不管拿在谁的手中，反正随时有重新被扣上的危险，能不如履薄冰，如临深渊，战战兢兢吗？日久天长，熟悉我的人都知道这个典故，冬天出门前，都询问：“帽子拿在谁的手中？”或者我自己回答：“帽子拿在自己手中呢。”或者别人回答：“帽子拿在群众手中呢。”①

李强先生回忆说：

《古代字体论稿》这本书最早写的时候是几十万字，第一稿写好了，在上面再改出第二稿，因为没有地方发表，就在手里反复揉这个东西。后来压缩到了六七万字。仔细去看，确实是言简意赅，逻辑清楚，文字简练。实际上读者看到它，就对整个书史有一个比较清楚的线索。在读启先生书稿之前，我是完全混乱的，哪段跟哪段不是说一点联系没有，但是整个体系脑子里没有。经过他这么一捋，

①启动《启功自传》，北京师范大学出版社，2013，第99页。

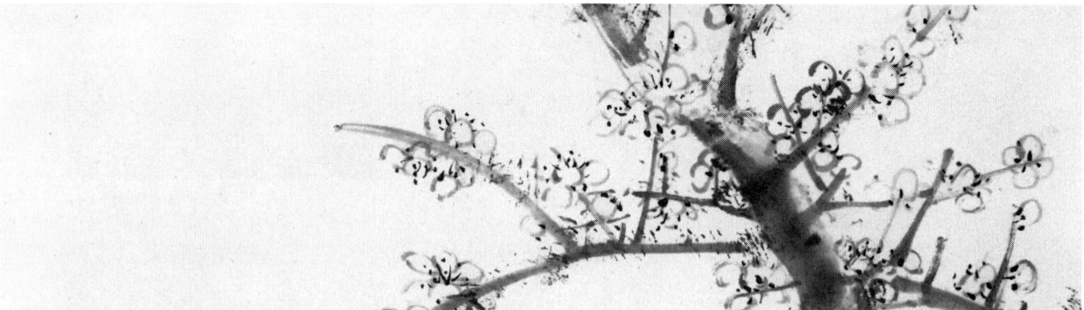

枝横却日观（1978年）

才知道整个脉络。好比你去某地旅游，摸不着东西南北，正在这时，给了你一张城市地图。《古代字体论稿》大概是这么个作用。①

关于字体，启功讲过一件旧事。在延安时期，在陕甘宁边区做文化教育工作的钟灵写标语，在两横之间画个闪电符号，写了“人”又在捺上撇了两撇。有的人不知道他写的是什么字，实际他写的就是“工人”。启功说：“工”和“人”这么写，不是哪个人发明的，这种写法本来就有。“羊大为美”，“羊火”也是“美”，都一样美。李强说：“启先生的话是什么意思呢？我认为他站在文字演变史上看问题，他说了一些字的异体和字的文化。”

《古代字体论稿》1964年由文物出版社正式出版，当时启功的第二本著作《诗文声律论稿》也眉目清晰。《古代字体论稿》探讨的是“文字”的“形状”，《诗文声律论稿》探讨的是“文字”进入诗文后的“声调”。用启功的原话说：“探讨的是古典诗、词、曲、骈文、韵文、散文等文体中的声调特别是律调的法则。”②

“字形”到“声律”，都是中国古典文学最基础的内容，是中华汉语言文字、文学本身最独特、最有魅力的地方，类似的，或关注相关话题的著作、著述历代都有。1965年，启功集数十年扎实的研究，终于有所成就。

《诗文声律论稿》完成了，启功带着稿子去找恩师陈垣题签。他回忆道：

这时老师已经病了，禁不得劳累，但见我这一叠稿子，非看不可。我只好托词说还须修改，改好后再拿来，先只留下书名。我又

①《李强聊启功(一)》未刊稿，刘红庆2018年1月22日采访于北京师范大学出版社，弓宇杰根据录音整理。

②启功：《诗文声律论稿·序》；载自《启功全集》第1卷(修订版)，北京师范大学出版社，2012，第3页。

想，老师以后恐怕像这样的书签也不易多写了，不如把将来准备出的书也求老师一次写了，但又难于为自己以后的著作预设好题目，于是想起“启功丛稿”这样一个名称，准备把它作为总称，下面可以放进任何文章著述，于是说还有一本杂文，求老师一并题签。老师这时已不太能多谈话了，但仍毫不犹豫地答应我马上就写，我就退到旁边的屋子坐等。没多久，秘书刘乃和先生举着一叠墨笔的书签来了，每种都写了若干张，任我选择，我真是喜出望外。[①]

可是，其中一篇《〈兰亭〉的迷信应该破除》在学界掀起了一场大风波。

①启功:《启功自传》,北京师范大学出版社,2013,第76页。

兰亭一序真与假 大字来报挥且洒

沧海横流，方显出英雄本色。
人六亿，加强团结，坚持原则。
天垮下来擎得起，世披靡矣扶之直。
听雄鸡一唱遍寰中，东方白。

太阳出，冰山滴；
真金在，岂销铄？
有雄文四卷，为民立极。
桀犬吠尧堪笑止，泥牛入海无消息。
迎东风革命展红旗，乾坤赤。

这首《满江红·领袖颂》的词乃是为毛泽东七十岁生日而作，1963年1月1日《光明日报》发表时，题目改为《满江红——1963年元旦抒怀》，作者是被誉为“鲁迅之后的大文豪”的郭沫若。

郭沫若，四川乐山人，1921年因发表诗集《女神》轰动一时。解放后，他屡任中华全国文学艺术会主席、中国科学院院长、中央人民政府委员、政务院副总理兼文化教育委员会主任等要职，在文化界的地位无人能出其右。他的意见就是权威。

1964年到1965年，南京先后出土了《谢鲲墓志》和《王兴之夫妇墓志》。谢鲲是东晋谢安的伯父，王兴之是“书圣”王羲之的堂弟。两块碑的碑文都是隶书。1965年中，郭沫若在《文物》杂志发表论文《由王谢墓志的出土论〈兰亭序〉的真伪》。他依据新出土的两块墓志得出“天下的晋书都必然是隶书”的结论，认为《兰亭序》“既不是王羲之的原文，更不是王羲之笔迹”。

当时在江苏工作的书法家高二适不认同郭沫若的观点，拿出一篇《〈兰亭序〉的真伪驳议》论文进行反驳，并提出自己的主张：“《兰亭序》为王羲之所作是不可更易的铁案。”

但郭沫若是绝对权威，挑战郭沫若的观点，那就是挑战权威，当时的编辑们感到非常棘手。于是，高二适把论文寄给在北京能与高层说上话的章士钊，章士钊便交给毛泽东。毛泽东希望大家就这个问题各抒己见。于是，《光明日报》开辟专栏“兰亭论辩”，发表了高二适的文章。

这时，中国文联的钱杏邨找到启功，启功回忆说：

> 当时郭老住在什刹海，钱杏邨先生（阿英）住在棉花胡同东口，郭老就让钱杏邨找我谈话。
>
> 我记得非常清楚，那天是星期五。钱先生把我叫到他家去，我一进门他就神秘兮兮地把我拉到沙发上，用非常郑重的、真诚的口气对我说：“我告诉你，我们这次是推心置腹的同志式的谈心。你这次必须听我的，事关重大。”我看他那神情，听他那口气，也知道事情的严重性，就赶紧问：“您这说了半天，到底是什么事？”他才说：“你现在必须再写一篇关于《兰亭序》的文章，这回你必须说《兰亭序》是假的，才能过关。”……我听了暗暗叫苦不迭，心想我原来是

不同意随便说《兰亭》是假的，一直坚持现存的定武本和唐摹本都是王羲之原作的复制品，这可怎么转弯啊？……从钱先生家回来，我仔细研究了郭老的文章，终于找到一个可以转身腾挪的棱缝。郭老的文章中有一个明显的漏洞：他认为王羲之的《兰亭》应是方笔的，否则是假的，但王羲之流传下来的作品不仅《兰亭》一种，在日本发现的《丧乱帖》，它是唐人根据王羲之真迹勾摹的，也是那种柔美的笔法，这该怎么解释呢？郭老只好说《丧乱帖》和北碑体的"二爨"碑《爨宝子》《爨龙颜》"有一脉相通之处"。郭老当时这样说也许言不由衷，但这明明是不符合事实的，对碑帖稍有涉猎的人都知道这二者截然不同，毫不相干，非要说"一脉相通"那无异于瞪着眼睛说瞎话。好，我索性就在这上面做文章，让明眼人一看就知道我是在言不由衷。我于是写道："及至读了郭沫若同志的文章，说《丧乱帖》和《宝子》《杨阳》等碑有一脉相通之处，使我的理解活泼多了。"抓住这一点，我的思路果然"活泼"多了，四千多字的考辨文章当天就写好了，题为《〈兰亭〉的迷信应该破除》。晚上阿英就派人取走，直接送到郭老家。郭老一看大为高兴，第二天（星期六）一大早就把稿子交给光明日报社，第二天（星期天），就见报了，可见它是一篇特稿。①

隔了几天，郭沫若去辅仁大学对面的兴化寺见陈垣，当时陈垣主张《兰亭序》为真。两人一见面，郭沫若就起劲地夸奖启功说："你的学生启功真好，他说《兰亭》是假的，很好，很好。"陈垣冷淡地回答说："那是，他是专家嘛！"郭沫若乘机将军道："你不也写一篇？"陈垣推说："我老了，眼睛不行了，写不了了，等恢复恢复再说吧。"

不久，陈垣专门叫启功见面，叮嘱启功："你以后要发表文章一定先给我看，要不然拿出去发表，指不定捅什么娄子呢！"

---

①启功:《启功自传》，北京师范大学出版社，2013，第157—158页。

好在“兰亭论辩”讨论的问题太过小众，在一般读者中难以引起共鸣，之后便也草草收场了，并没有对作者造成伤害。《兰亭序》“真伪之辨”渐渐平息，但不久之后对《海瑞罢官》的批判，让启功感到不寒而栗。政治家们找到了《海瑞罢官》这个靶子，由此点燃了“文化大革命”的“熊熊烈火”。[①]启功庆幸“兰亭论辩”未被深究，如果“兰亭论辩”烧成“文革”，那他岂不后悔煞?

李强在《服膺启夫子》一书中讲了“兰亭论辩”公案。李强写道：“最醒目的说法，是说郭沫若老同志倚仗康生，欺负了小人物高二适。毛泽东一直在关注这桩‘笔墨官司’。而夫子拉偏手，站在势力大的一边。”由这些事得出的教训是：“拿学术讨论来钓政治鱼的手段实在是知识分子最害怕、最头疼的做法。”于是，《〈兰亭〉的迷信应该破除》坚决不收入启功“文集”。

《海瑞罢官》由史学家、时任北京市副市长的吴晗创作，京剧表演艺术家马连良主演，于1961年公开上演的京剧，塑造了明代廉吏海瑞刚直不阿敢于斗争的光辉形象。1965年11月10日，姚文元的《评新编历史剧〈海瑞罢官〉》在上海《文汇报》发表，以此为导火索，紧接着，史无前例的“文化大革命”来了！

既有的秩序全被打乱了，“大字报”铺天盖地，一心为国家培养人才的陈垣经历过多少事，但也从未经历过这样的事。他内心充满了疑问：“这究竟是怎么了？”[②]陈垣、启功本人以及他们所守护的中国传统文化受到前所未有的冲击，启功多年心血凝成的《诗文声律论稿》也被搁置下来，无法出版。

经历过右派冲击的启功有了更充分的思想准备，他决心“夹着尾巴做人”，老老实实改造自己。家被抄了，工资被扣了，启功苦中作乐。当他回忆起“文革”，这样说：

---

①参见启功:《启功自传》,北京师范大学出版社,2013,第160页。

②参见启功:《启功自传》,北京师范大学出版社,2013,第102页。

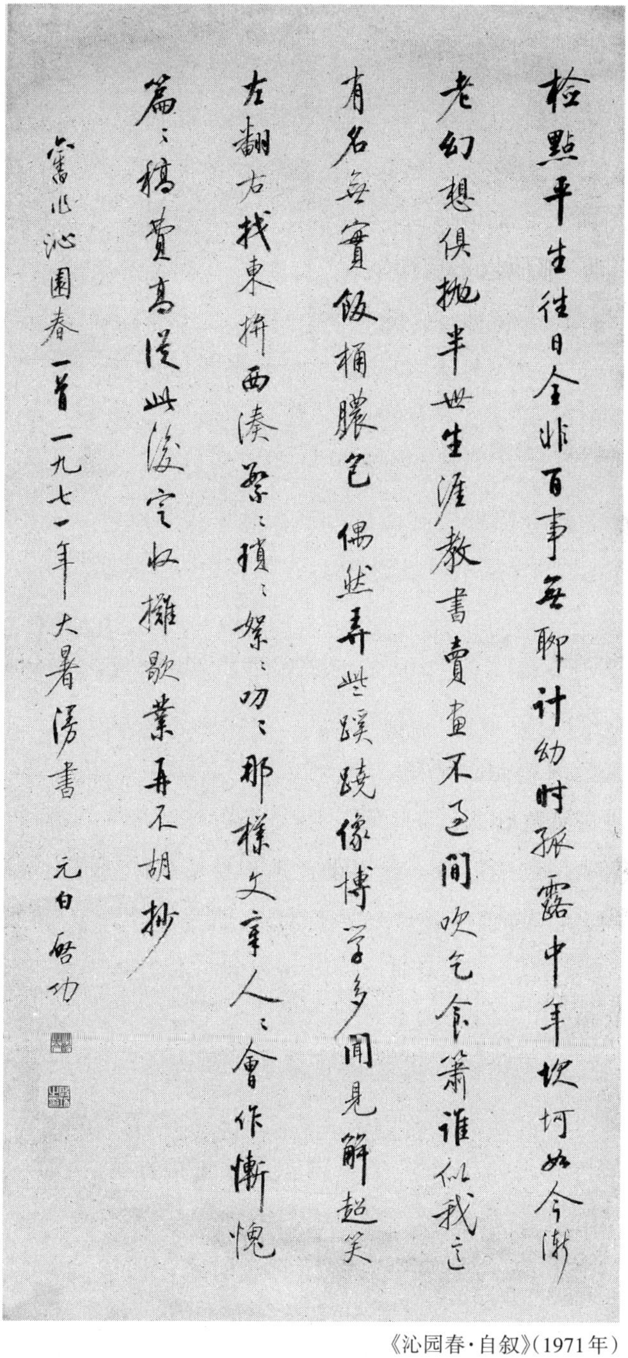
檢點平生往日全非百事無聊計幼時孤露中年坎坷如今漸
老幻想俱拋半世生涯教書賣畫不過閒吹乞食簫誰似我這
有名無實飯桶膿包 偶然弄些蹊蹺像博學多聞見解超笑
左翻右找東拼西湊繁繁積積絮絮叨叨那樣文章人人會作慚愧
篇篇稿費高從此後定收攤歇業再不胡抄
舊作沁園春一首 一九七一年大暑漫書 元白啓功

《沁园春·自叙》(1971年)

老师要和同学一起学习、搞运动。其中主要的活动之一是抄大字报。这是我的强项，我不管起草，只管抄，我觉得这段时间是我书法水平长进最快的时期。抄大字报不用刻意地挑好纸、好笔，也不用讲那么多的排场，一支秃笔、几张彩纸，甚至报纸，边抄边聊即可。越是这样，越没有负担，越可以挥洒自如；相反，像我后来出名之后，给我准备了最好的湖笔、最上等的撒金乌丝格，甚至名贵的蜀绢，一大堆人簇拥着，有的要给我抻纸，有的要给我研墨，有的要给我照相，一边还不断地评论着，赞美着，我倒心里别扭，放不开，写不好，总怕浪费了这么好的材料，对不住这么多的人情。所以我对抄大字报情有独钟。后来总有人喜欢问我："你的书法算是什么体的?"我就毫不犹豫地回答他："大字报体。"①

"文革"中，启功的不少老朋友没有了。有一天，柴德赓工作地所在的苏州来人找启功，问："你知道吗？柴德赓见过反革命分子胡适，我们一定要把这个问题调查清楚，你一定要老老实实反映问题，坚决揭露批判他，以便得到党和人民的谅解，争取到'给出路'的机会。"启功也见过胡适，可能是和柴德赓一起见的，所以给来人讲述了过程。不久之后，启功得到消息，柴德赓被"解放"了！但是死了！为什么呢？因为被"解放"太过兴奋，一夜无眠，次日高兴地举着红旗下地劳动，心脏病突发，一命呜呼。

启功的日子好过吗？其实也非常难。更艰难的是，发放粮票的工作人员看到启功家的书被封条贴住了，连粮票都不敢给启功发了。

什么是粮票呢？现在的读者可能无法理解。在20世纪50年代至80年代，中国处在困难时期，物质资料、生活资料不能满足社会的需求，只能有计划地供应。"粮票"就是当时政府统一发放的购买粮食的凭证。

①启功:《启功自传》,北京师范大学出版社,2013,第105-106页。

在城市，没有粮票就无法得到粮食。

粮食是最最基本的生存物资，没有粮食就会饿死。可是，没有粮票怎么办？启功去找粮店，粮店认为启功是被“专政”的对象，不配吃粮。如果想得到粮票，需要单位出具证明。为了有粮食吃，已经五十四岁的启功，不得不去找二十来岁的年轻人求一口粮来。经过数日一趟一趟的求情，忍受了管理他们学习改造的“造反派”头目、红卫兵头头的刁难，最后“北师大中文系文革小组”给出具了证明：

> 南草厂粮店负责同志：
>
> 兹有师大中文系教师启功，五七年曾划为右派，五九年摘帽，五九年以后还未戴过其他帽子，封书之事是因为我系红卫兵扫“四旧”时所为，别无他因。粮食待遇请按规定处理。
>
> 北师大中文系临时领导小组
>
> 北师大中文系文化革命委员会
>
> 1966年10月14日[①]

“文革”时期，启功等算“审查对象”被下放到房山县周口店村劳动改造。那些年，斗争会、批判会，一个接一个，中文系的老教师统统成了“牛鬼蛇神”，经历着非人的待遇。

国内斗争不断，国际斗争一样势不两立。中美关系没有缓和，中苏关系又骤然紧张了起来。1969年9月，国家号召全国人民做好战争准备，10月林彪给全军发出战备命令，史称“一号命令”“第一号号令”或“林副主席指示第一个号令”。

启功也在为战争的到来做着准备。他用贵州皮纸将书稿《诗文声律论稿》抄写好。他回忆说：

①侯刚、章景怀编著:《启功年谱》,北京师范大学出版社,2013,第82页。

林彪发出一号命令时，我极力压缩，抄成了六万字，为的是跑的时候别在腰里好带。那时候，提倡让工农兵学员参加集体创作，我想如果让工农兵学员把我这东西拆散，就不成样子了，我是想保留下完整的东西。谢国祯有一本书，就是让工农兵学员参与，还没弄完，谢死了，原书稿也不知下落了。

谢国桢是河南人，1925年入清华学校国学研究院，师从梁启超、王国维。新中国成立后，他在南开大学、中国科学院哲学社会科学部历史研究所工作。启功把自己的研究成果《诗文声律论稿》看得非常重，如同自己的生命一样。如果有战争不得不逃难，他选择携带的就是《诗文声律论稿》，想完整地留给这个世界。

《诗文声律论稿》历经"文革"得以保存，启功还要感谢妻子。他说：

在"文化大革命"随时可能引火烧身的情况下，一般人惟恐避之不远，能烧的烧，能毁的毁，……但她却把我的大部分手稿都保存了下来，她知道这是我的生命，比什么东西都值钱……我把在"文化大革命"中起草的《诗文声律论稿》偷偷地用蝇头小楷抄在最薄的油纸上，一旦形势紧张，就好把它卷成最小的纸卷藏起来……"文化大革命"之后，当我打开箱底，重新见到妻子为我保留下来的底稿时，真有劫后重逢之感。要不是我妻子的勇敢，我这些旧作早就化为灰烬了。①

"文革"期间，启功等教师被批为"反动学术权威"。启功后来自嘲说："我反动有余，权威不够。"②

①启功：《启功自传》，北京师范大学出版社，2013，第112页。

②侯刚、章景怀编著：《启功年谱》，北京师范大学出版社，2013，第317页。

二十四师蒙了圈
六十六岁非不寿

启功的恩师陈垣是位了不起的历史学家、教育家，与吕思勉、陈寅恪、钱穆并称“近代史学四大家”，与陈寅恪并称为“南北二陈”。

1951年11月1日，全国政协一届三次会议的闭幕晚宴上，陈垣被安排在第一号桌第二号座上，坐在毛泽东左侧。毛泽东向大家介绍说：“这是陈垣校长，是著名历史学家，学问很大，读书很多，是我们国家的国宝。”毛泽东问陈垣：“我听说你的著作很多，藏书很多。我很想读读你写的书，将来有机会，想去看看你的书库。”陈垣道：“我的书没有多少，欢迎主席去看看。”

“文革”中，陈垣的理想受到空前的打击，身体也经受着摧残。启功回忆说：

> 他那时住在辅仁大学对面的兴化寺街，主要靠秘书刘乃和先生协助他工作，照顾他的生活。但“文化大革命”时刘乃和先生被扣在学校隔离审查。其实造反派审查刘乃和的目的并不在她本人，而是通过她来挖些整陈校长的“黑材料”。于是那一阵陈校长只能一人

姓名	生卒年	籍贯	任教院校	代表著作
吕思勉	1884—1957	江苏常州	华东师范大学	《白话本国史》《吕著中国通史》《秦汉史》《先秦史》《两晋南北朝史》《隋唐五代史》《吕思勉读史札记》《宋代文学》《先秦学术概论》《中国民族史》《中国制度史》《文字学四种》
陈垣	1880—1971	广东新会	辅仁大学、北京师范大学	《古教四考》《元西域人华化考》《元典章校补》《元典章校补释例》《史讳举例》《旧五代史辑本发覆》《吴渔山先生年谱》《释氏疑年录》《清初僧诤记》《中国佛教史籍概论》
陈寅恪	1890—1969	江西修水	清华大学、西南联大、广西大学、燕京大学、中山大学	《隋唐制度渊源略论稿》《唐代政治史述论稿》《元白诗笺证稿》《金明馆丛稿》《柳如是别传》《寒柳堂记梦》
钱穆	1895—1990	江苏无锡	北京大学、西南联大、齐鲁大学、四川大学、中国文化学院	《先秦诸子系年》《中国近三百年学术史》《国史大纲》《中国文化史导论》《文化学大义》《中国历代政治得失》《中国历史精神》《中国思想史》《宋明理学概述》《中国学术通义》

标点《清史稿》同仁合影（1973年，启功标注）

在家。我们几个学生也都被扣着，关牛棚的关牛棚，隔离审查的隔离审查，也都无法去照顾他。他子女的情况也都如此。家里只剩下一个管做饭的袁姐。一天，老校长因行动不便倒在地上，两个多小时没人管。后来陈校长的二孙媳，我称她“曾大姐”，急了，冒着危险到中南海国务院信访处给周恩来写信，反映这一情况，要求赶紧把秘书放回来。这封信还真的起了作用，不久就把刘乃和放了出来，好整天看着老校长。①

1971年6月21日，陈垣去世。启功回忆：“当时还是祸害横行的时代，所以他死得很凄凉……一个洞察历史的老人就这样带着遗恨走了。我失去了最崇敬的导师，最可亲的长者。”24日在八宝山革命公墓礼堂举行遗体告别仪式。启功回忆说：“我把千言万语，汇成了一副挽联，想

①启功：《启功自传》，北京师范大学出版社，2013，第77—78页。

在追悼会上挂起来，但那时我连进到大厅当面鞠躬的条件都没有，只能在院子里默哀。明智的朋友看了我这副挽联又是用真情所写，都劝我不要挂出来。”①

启功当时写的挽联是什么内容呢？后来，他在不同文章和回忆中，都说道：“幸好黑暗终于过去了，现在我可以一遍一遍不断地向他老人家的亡灵吟诵了。”

依函丈卅九年，信有师生同父子；
刊习作二三册，痛余文字答陶甄！②

上联的“函丈”，语出《礼记·曲礼上》“席间函丈”，意思是老师讲席与学生座席之间要留出一丈的空地。“函丈”是对老师的尊称。下联“陶甄”，比喻陶冶、教化。上联先说依托、依靠老师的帮助度过了将近四十年的岁月，师生情谊确实和父子情谊一样；下联说自己的两三本习作都经过老师指点，悲痛之余用更多的文章来回报恩师的教诲。

陈垣去世后不久，有人通知启功赶紧到“军代表”处谈话。那时学校原有领导多数成了“黑帮”靠边站了，学校实行“军管”，“军代表”就是直接顶头上司。启功回忆说：

那时我一听有人找我谈话心里就发毛，更何况军代表是那时的最高领导。我自然不敢怠慢，赶紧去他的办公室。不巧，要找我的那位军代表不在，我只好说明情况，问其他人知道找我有什么事。有一位答道：“听说是什么‘二十四师’，要调你去，就是想通知你这件事，至于具体情况你明天找那位同志再详谈吧。”我一听这消息，当时就蒙了，又无法继续打听清楚，只好先出来。回来的路上，

①启功：《启功自传》，北京师范大学出版社，2013，第78页。

②启功：《启功自传》，第78页。

我一边走，一边犯嘀咕：我和军队什么关系都没有，再说，像我这样的人怎么会往军队里调？军队里怎么会要我？莫非要把我进一步看管起来？①

当时启夫人还在病中，需要人照顾，启功真的离不开北京。如果"二十四师"在外地，这岂不难煞启功？他心事重重，夜不成寐，一直在脑子里盘算，如果自己离开北京，妻子的种种牵挂和惦记，以及无数个走不通的路的走法。

熬了一夜，第二天一早，启功跑去找军代表。得到的话是："上级领导准备调你到中华书局《二十四史》编辑部去工作，这可是一项重要的工作，体现了党一向重视文化工作，也体现了党对你的信任……"

原来是"二十四史"，不是"二十四师"，启功顿时释然了。

中华书局创办于1912年的上海，1954年实行公私合营后搬到北京，1958年成为以整理古籍为主要业务的专业出版社。《中华大字典》《四部备要》《图书集成》《中华百科丛书》等都是中华书局的拳头产品。

那《二十四史》是什么呢？中国历朝历代都有整理史籍的传统，到了清朝，从《史记》起，《汉书》《后汉书》《三国志》《晋书》《宋书》《南齐书》《梁书》《陈书》《魏书》《北齐书》《周书》《隋书》《南史》《北史》《旧唐书》《新唐书》《旧五代史》《新五代史》《宋史》《辽史》《金史》《元史》《明史》，一共二十四部，乾隆皇帝将这些书钦定为"二十四史"，算作正史的统称。

虽然启功去的是"'二十四史'编辑部"，但他的任务不在"二十四史"，而是第"二十五史"——《清史稿》。

《清史稿》是清朝灭亡后，北洋政府于1914年设立专门机构编写的。它以纪传体方式记载了自1616年努尔哈赤建国称汗起到1912年清廷退出历史舞台，共计二百九十六年的历史。经过百余人的努力，到1927年，

①启功:《启功自传》,北京师范大学出版社,2013,第107页。

书稿初步完成，以《清史稿》为名，表明是清朝历史的正史——“清史”的未定稿。

《清史稿》的主编是赵尔巽，祖籍山东，生在辽宁铁岭，1874年中进士，任翰林院编修。此后，他在贵州、安徽、陕西、甘肃、新疆、山西等地任地方官，曾主政湖南，又在四川、东北任职。中华民国以后，他出任清史馆总裁，主编了《清史稿》。书编完了，他却去世了。

启功回忆说：

> 在我们接手之前，马宗霍等人已经作了一些初步的整理，但遗留了很多问题。据他们说整理此书最大的困难有两个：一是满清入关前，即满清建立初期——努尔哈赤时代，很多典章制度都不系统明确，很多记载也比较简略凌乱，整理起来很困难；二是清史中的很多称谓，如人名、地名、官职名，和历朝历代有很多不一样的地方，特别是人名，本来就挺复杂，再加上后来乾隆一乱改，很多人一遇到这种情况，就拿不准、点不断了。但正所谓“难者不会，会者不难”，这些对我来说就跟说家常一样，易如反掌，因为我对满人的这套风俗习惯和历史沿革还是很熟悉的。①

1971年9月13日，林彪及其部分家庭成员乘军机外逃，飞机在蒙古人民共和国温都尔汗坠毁，史称“九一三”事件。这时候，启功刚到中华书局没几天，他和大伙聆听了组织上对这一事件的传达。虽然“文革”的紧箍咒还在，但是明白人都知道，“文革”与林彪关系重大，“九一三”事件的发生，也预示着林彪集团的覆灭，“文革”结束将是迟一天早一天的事情。所以，对深受“文革”之害的启功及有相关感受的人，期待这进一步的解放！

启功回忆说：

①启功：《启功自传》，北京师范大学出版社，2013，第108—109页。

堅淨居雜書

启功画作

当听到林彪“折戟沉沙”的消息以后，大家心中都出了一口恶气，心情空前地舒畅。工作一顺利，心情一愉快，我的积习又不断地萌动，在工作之余或午休的时候又忍不住写写画画起来，随便抻一张纸，信手挥洒几笔，一时成为中华书局一景……我每完成一幅小作品，大家就评论两句，缓解一下疲劳，在场的谁有兴趣谁就拿走，谁也不必刻意地求我，我也不特意地送谁，大家都把它当成一种乐趣，暂时忘却那多事之秋带来的种种烦恼。①

1971年真是个“多事之秋”，启功的心如坐过山车一般，跌宕起伏。挨整，逃离，小兴奋，接着妻子就生病住了医院。章宝琛黄疸病严重，启功感觉妻子难以过关，就诌了一组诗。经过了很多事的启功，对生死已经看得很淡。他写道：

今日你先死，此事坏亦好。
免得我死时，把你急坏了。

枯骨八宝山，孤魂小乘巷。
你且待两年，咱们一处葬。

妻子先死，也有好处。如果妻子后死，那么她会为先病、先死的启功着急。妻子成了“枯骨”埋葬在八宝山，自己成了“孤魂”游荡在小乘巷。他告诉妻子：等我两年，重合一处！

幸运的是，妻子没有死，恢复得还不错。已经写成的诗，启功和妻子一起读，两个人“且哭且笑”，自是人生百味。

到了1975年，妻子又一次病倒了，住在北大医院。启功白天到灯市

①启功：《启功自传》，北京师范大学出版社，2013，第109页。

西口的中华书局上班，晚上到医院在妻子的病床边上搭几把椅子陪护妻子，工作陪床两不误。启功明显瘦了。“命若游丝”的妻子既怕累坏了启功，又想让启功陪在身边。她不停地念叨：“把你折腾瘦了，看你实在是可怜。你赶紧去休息休息吧，可是你走了我又想叫你陪在我身边……”

如此过了三个多月，妻子的生命走到了尽头。启功谢过来吊唁的人，把房门关紧，独自待在妻子病房，绕着妻子的遗体念了好多遍“往生咒”。

李强说：“启先生和夫人虽是两个人，却只有一条命。晚年他写白话诗读给夫人听，两人一起读，且哭且笑。等夫人殁了，他又补了几首，收到自己诗集里叫《痛心篇》，记录了他跟老伴儿结婚四十年相爱如年少的过程。”①

> 老妻病榻苦呻吟。寸截回肠粉碎心。
> 四十二年轻易过，如今始解惜分阴。
>
> 君今撒手一身轻，剩我拖泥带水行。
> 不管灵魂有无有，此心终不负双星。

以一本《中国史学入门》而具有广泛知名度的著名历史学家顾颉刚是《二十四史》的总校。他是胡适的学生，《二十四史》校订工作启动的时候，顾颉刚已经七十八岁。所以，他的学生、北京师范大学历史系教授、著名史学家白寿彝就成了《二十四史》编辑部的负责人。但是，更多的时候，编辑部负责任的是启功早年跟戴姜福学古文时的同学赵守俨。赵守俨人好，加之有旧谊，所以工作起来顺气。启功回忆说：

> 70年代第二次整理“二十五史”（“二十四史”加上《清史

①《李强聊启功（一）》未刊稿，刘红庆2018年1月22日采访于北京师范大学出版社，弓宇杰根据录音整理。

稿》）时，我被邀参加点校《清史稿》，来到中华书局，和赵先生便日益熟悉了。当时顾颉刚先生是整理“二十五史”的头儿，但由于身体不好，不能每天来书局上班，日常事务就由白寿彝先生负责。实际上，白先生社会活动多，也不常来，说是白先生负责，还不如说是赵先生总管。大家心里都明白，赵先生才是整理“二十五史”的真正负责人，总管日常的具体的工作。赵先生在中华书局人望很高，对同事一向很平和。中华书局的成员脾气性格不一，有时互相之间不免有点小矛盾，也有脾气不好的，但对守俨却都没有不同的看法，大家都很尊敬他。那时，他每天都来上班，对我们的点校工作从不挑剔，不问进度，也不对我们提什么要求和意见，但工作进展如何，有些什么问题，他心里都十分清楚。有时开会他也讲话，也是十分平和的，即使说什么问题也都是诚诚恳恳的，大家也心服口服，很爱戴他，从没人说他这样那样的，都和他有说有笑。当然，这也是因为赵先生做事十分严谨，工作方面很尽职尽责，学问（他是唐史专家）也好。书局有一位最喜欢挑毛病、和别人争辩的先生，也挑不出他的毛病，也从心底佩服他的学问。赵先生是那种修养很好的人，和什么人都能和平共处，从没有人因公事和他争吵的。我觉得，他不仅是修养好，可能天生是这么一种温文尔雅的性格。①

1976年7月28日深夜，唐山地震，北京距离唐山不足两百公里，震感明显，且余震不断。启功回到家，在床上架起一张桌子，自己蜷缩在桌子下面，来躲避余震。即便如此，他依旧专注自己的研究，埋首窝棚，不肯与人闲聊。他曾写过一副对联来解嘲：“坐卧总由它，一塌糊涂，半个窝棚防地震；亲朋应谅我，三分气息，无多精力作空谈。”

1976年10月，还是在中华书局的仓库里开会传达文件，启功听到粉

①启功:《我与赵守俨先生》;载自《启功全集》第4卷(修订版),北京师范大学出版社,2012,第417页。

碎“四人帮”的消息。他和一众同仁强烈地意识到，“文革”真的要结束了，春天真的要来了！启功就贴出去一张“我的第一张大字报”。诚然，他抄写了无数大字报，但只有这一次是自己写的，表达的也是自己的真实想法。

转年，启功结束了在中华书局《二十四史》编辑部点校《清史稿》的工作。他说：

> 所以工作量虽然很大，一部《清史稿》有四十八大本之多，但工作一直进行得很顺利，发现并改正了大量的错误，如《清史稿》中居然把宋朝人的、日本人的著作，甚至对数表都放了进去。经过点校，《清史稿》和其他各朝正史都有了准确、通行的本子。①

点校《二十四史》是史学家们的事情，启功能参与，是他坚持中国传统文人的文史哲不分家的传统，在各个方面都有所积累。李强说：“我看启先生日记里记着，今天点校多少页，明天点校多少页，很辛苦。但当时还是‘文革’，政治压力很大，这时候有《清史稿》点校工作，他的心一下就舒坦了，实际上他是挺努力的，似乎这段时间生命也有意义了。所以后来他说‘中华书局是我第二故乡’。”②

《中国通史·近代前编》（上册）这样评价启功参与的《清史稿》：

> 中华书局组织史学工作者，依关外二次本为工作本，将《清史稿》作了标点、分段，他们审查了关内本、关外一次本、关外二次本三种本子的篇目，内容上的不同，作了附注，录出异文，以尽量反映各种本子的长处；对史文的脱、误、衍、倒和异体、古体字等作了校改；清朝的避讳字，尽量改回，对已发现的由于行、段错排

①启功：《启功自传》，北京师范大学出版社，2013，第109页。

②《李强聊启功（一）》未刊稿，刘红庆2018年1月22日采访于北京师范大学出版社，弓宇杰根据录音整理。

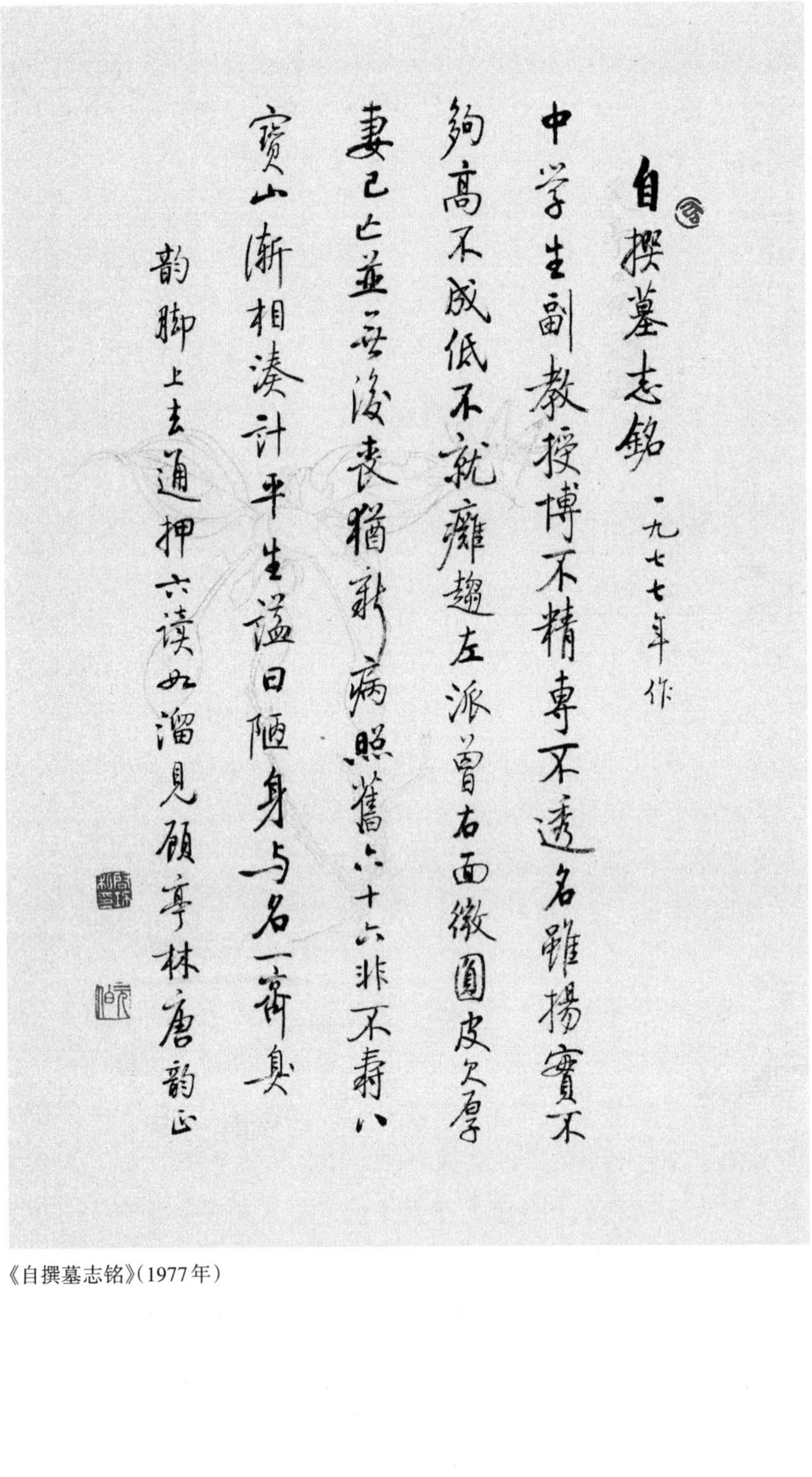
自撰墓志銘
一九七七年作
中学生副教授博不精專不透名雖揚實不
夠高不成低不就癱趨左派曾右面微圓皮欠厚
妻已亡並無後喪猶新病照舊六十六非不壽八
寶山漸相湊計平生謚曰陋身与名一齊臭
韵脚上去通押六读如溜見顾亭林唐韵正

《自撰墓志铭》(1977年)

造成事理不合的地方，进行了查核校正，对于史实错误及同音异译的人名、地点、官名、部落名称等，一般不予改动，但也作了一定的统一工作。它于1977年出版，分装四十八册，其中目录一册。这是《清史稿》最好的一种版本，用起来很方便。

工作如此有成绩，大家心情愉悦。启功认为，从1971年7月到1977年，点校《清史稿》是他“文革”期间最稳定、最顺利、最舒心的一段时期。

1977年，启功历万难而保存下来的《诗文声律论稿》由中华书局出版。1978年，十一届三中全会召开，对“文化大革命”做出了深刻反思，宣告“以阶级斗争为纲”的政治口号成为历史，“社会主义现代化建设”是工作重点。这时，启功名声渐大，社会活动渐多，但他始终保持着清醒的认识。社会步入正轨，北京师范大学恢复招收研究生，而启功的名字并没有出现在招生简章上。回想起妻子章宝琛，启功似乎看淡了一切，挥毫写下《自撰墓志铭》：

中学生，副教授。博不精，专不透。
名虽扬，实不够。高不成，低不就。
瘫趋左，派曾右。面微圆，皮欠厚。
妻已亡，并无后。丧犹新，病照旧。
六十六，非不寿。八宝山，渐相凑。
计平生，谥曰陋。身与名，一齐臭。

李强说：“《自撰墓志铭》有怨。他的怨，不是怨妇的怨，是轻怨。我为什么不达标？我就是皮欠厚！我就是活该啊！要不然的话，我就应该跟你们一样皮厚起来。看似自嘲，我觉得还可以再往里头看，实际上他也是在讽刺。而且他总的基调是通达的，站得很高，没有个人得失。他自己学佛，对人生、社会，看得很通，想得明白。”①

①《李强聊启功（二）》未刊稿，刘红庆2018年1月23日采访于北京师范大学出版社，弓宇杰根据录音整理。

字形美与醜
觀者心中有
直尺与圓規
百花在其手
碑額与印章
巧妙在結構
古今雖有殊
藝術無先後

教育實用美術字一書出版在迩，欽其稿本，豁然心胸，因為題贊。

啟功

【第五编】

春晚记勤

QIGONG SHUSHI

启功书法

发光自嘲贼星亮
扬励耘再敬师魂

春天真正到来的时候，强劲的春风率先吹掉了在启功头上扣了二十一年的右派帽子，这让压抑很久的启功无比轻松。他在给好友的信中写道："地厚天高，雷霆雨露，转觉绵薄无可报称耳。"[①]

1979年，恢复了"教授"职称的启功开始给北京师范大学中文系古代文学专业——"文革"后的首批研究生授课。学校安排给启功的是"唐代文学"，因为新中国成立后中国高校一直学习苏联教学模式，"中国古代文学"分成了"先秦""汉魏""唐宋""元明清"四段，教师们各讲一段，学生们各攻一段。启功对这种"教研室建构"很有意见。他曾说：

> 按教研室建构必然带来一个相应的特点，即把某一课程切割成若干段。就拿我所在的古代文学教研室来说，就要把一部中国文学史分成先秦段、两汉段、魏晋南北朝段、隋唐段、两宋段、金元段、明清段等等。各段相对独立讲，讲唐诗的不能讲宋诗，讲宋词的不

①侯刚、章景怀编著:《启功年谱》,北京师范大学出版社,2013,第113页。

《山水册页》之一（1945年）

能讲清词，如果讲了，必定有人会说你超出了范围。更不用说讲古代的讲到了现代，讲现代的追溯古代了。于是你要想从与宋诗的对比中讲唐诗，那只能等到讲宋代时才行；你如果要讲宋词对清代常州词派与浙西词派的不同影响，那只能等到讲清代时才行。如果要是一个人一直讲下去，还好说，但这种体制下，往往是一人只专攻一段，甚至出现讲《左传》的不会讲《史记》，讲“杂剧”的不会讲“传奇”。讲宋词的哪里会知道讲清代的如何去讲常州派、浙西派？但教学大纲规定了那部分属于清代，讲宋代的就不能讲，否则就是违背了大纲的完整性、科学性、系统性。于是大家都在被烦琐切割的部分中，不敢越过雷池一步地按大纲规定的内容去讲，……大纲成了一架按图纸组装成的机器，而每个人只能是它上面的一个孤立零件，各自只管拧紧自己的螺丝就行了。[1]

①启功：《启功自传》，北京师范大学出版社，2013，第92—93页。

姓名	出生年份	籍贯	曾任职务	研究方向	代表作
赵仁珪	1942	北京	北京师范大学教授、博导	唐宋文学	《宋诗纵横》《禅学要义》《论宋六家词》
柴剑虹	1944	浙江杭州	中华书局编审		《西域文史论稿》《敦煌吐鲁番学论稿》
林邦钧	1943	浙江镇海	《北京师范大学文科学报》编审	隋唐五代文学	《历代游记选》《龙文鞭影新注》《中国古代文学简史》《唐诗要义》
万光治	1943	四川成都	四川师范大学教授	先秦西汉魏晋南北朝文学	《汉赋通论》《赋学研究论文集》《蜀中汉赋三大家》《羌山采风录》
吕伯涛	1945	山西平定	广东省高级人民法院院长		
熊宪光	1942	重庆	西南大学文学院教授	先秦至隋文学	《战国策研究与选译》《纵横家研究》
樊善国			北京师范大学文学院	元代文学	《元史选译》
于天池	1945	山东烟台	北京师范大学文学院教授	明清小说研究、说唱文学	《明清小说研究》《蒲松龄与聊斋志异》《中国古代文言小说丛论》
陈鸿彝		江苏泰州	中国人民公安大学教授	六朝文学	《潇洒人生——世说新语撷趣》《魏晋南北朝文》《中华交通史话》

启功把自己的想法打了个比方：一个人中箭了，去看外科，医生把露在身体外的部分剪掉了。病人说："箭头还在肉里面呢，怎么办？"医生说："你去找内科大夫，那是他的事情！"

启功认为，文学是有血有肉的有机整体，本质是相通的，死板地分段不可取，不科学。所以，在启功的课堂上，常常会突破"分段"限制，讲不同朝代文学演变的关联性。

当时第一批研究生九人，有"中文九子"的美誉。他们系统地聆听了启功的课程，多数毕业后从事了古典文学的教学、研究工作，部分地承接了启功的衣钵。尤其是专攻唐宋文学的赵仁珪，更是成了国内启功研究的专家。

启功这段时间的讲课内容，万光治有比较详细的笔记，他还根据笔记将启功所授整理成文，后收入《启功全集》第八卷《启功讲学录》中。今天，我们可以从中看到启功纵横驰骋的讲学风格。

研究生的课，本科生的讲座，启功一样不落。他的讲座主要涉及书法、书画、《红楼梦》，当时在校报兼职的李强就在20世纪80年代初亲自聆听过：

> 他在师大讲《红楼梦》的时候，我在那儿照相。一位男生问："启先生你说，《红楼梦》这么多漂亮女孩，哪个最可爱啊？"
>
> 启先生说："我看着都可爱啊。"
>
> 再问："那要是你娶，你打算娶谁？"
>
> 启先生说："只要不是林黛玉，就都能娶。"
>
> 那孩子最后问："为什么呢？"
>
> 启先生说："你要讲婚姻，第一得健康，第二能生养。林黛玉这两条都没有啊！"①

①《李强聊启功(一)》未刊稿，刘红庆2018年1月22日采访于北京师范大学出版社，弓宇杰根据录音整理。

启功先生与学生们合影

李强在现场的感悟是：那位男生挑花眼了，沉浸在爱情中。而启功告诉孩子："婚姻不是爱情，爱情是本能，婚姻是一个财产制度，怎么能拿感情和经济制度划成等号？"

启功的讲座不仅限于北京师范大学，几乎北京各大高校都以能请到启功讲书法为荣，于是他更忙了。

启功逐渐大红大紫，在社会上知名度越来越高，社会职务越来越多。这些职务给其他任何一个人，都够炫耀一辈子了：

1978年3月，第五届全国政协委员；

1979年，九三学社第六届中央委员会委员；

1979年3月，纪念陈垣校长诞辰一百周年筹备委员会委员；

启功先生20世纪80年代提倡写字教育

1981年5月，中国书法家协会副主席；

1981年，中国文学艺术节联合会全国委员会委员；

1982年7月，北京师范大学古籍研究所副所长；

1982年8月，全国文博干部学术、业务职称评定委员会委员；

1983年4月，文化部文博干部高级职称评定委员会委员；

1983年4月，“中国古代书画鉴定组”成员；

1983年8月，第六届全国政协常务委员会委员；

1983年9月，北京市书法家协会主席；

1983年10月，全国古籍整理研究与出版委员会委员；

1983年12月，九三学社第七届中央委员会委员；

1984年，北京师范大学古典文献专业博士生导师；

1985年4月，中国书法家协会主席；

1985年10月，国家文物局鉴定委员会委员……

启功说："我的社会工作和社会兼职越来越多，越来越高。我曾和别人开玩笑说自己是'贼星'发亮。"

1980年11月12日，逢陈垣先生诞辰一百周年，启功撰写了长文《夫子循循然善诱人——陈垣先生诞辰百年纪念》。1984年底，启功和北京师范大学的同事钟敬文、王梓坤、陶大镛、朱智贤、黄济、赵擎寰等联名提议设立教师节。他们的提议通过教育部报送中央书记处和国务院。1985年1月，国务院确定每年9月10日为教师节。这其中，饱含着对陈垣为代表的教师的敬意！

陈垣的书房叫"励耘书屋"，作品自编为《励耘书屋丛刻》。陈垣曾在清人《锄耕图》上题诗云："寒宗也是农家子，书屋而今号励耘。"并作注说："吾先人在湘潭办茶，先父名田，号励耘。"原来，"励耘"是他父亲的号，寓意"励精图治，勤奋耕耘"。雷梦水在《书林琐记·近代学人室名琐记》中记载："北京师范大学故校长、史学家陈垣先生，以'励耘'为书斋名，意在要求自己做学问要像耕田锄草一样，业精于勤，深耕细作。"

这种"励耘"精神一直激励着启功。启功说：

> 随之而来的是大量的社会活动。如1982年起，多次到香港各大学讲学、访问、鉴定、办展，其中较有影响的是1990年为筹备"励耘奖学金"举办的"启功书画义卖"。这次义卖得到香港有关人士的大力支持，所得款项扣除办展成本、所得税后共计一百六十余万元，我把它全部交给学校，成立一个扶植贫困学生的奖学基金会。起初学校要用我的名字来命名，我坚决不同意，而以陈老校长的书斋名"励耘"来命名，以此略表我对老师的感激与缅怀，也希望下一代能把老校长的精神和品格传承下去。①

①启功：《启功自传》，北京师范大学出版社，2013，第118页。

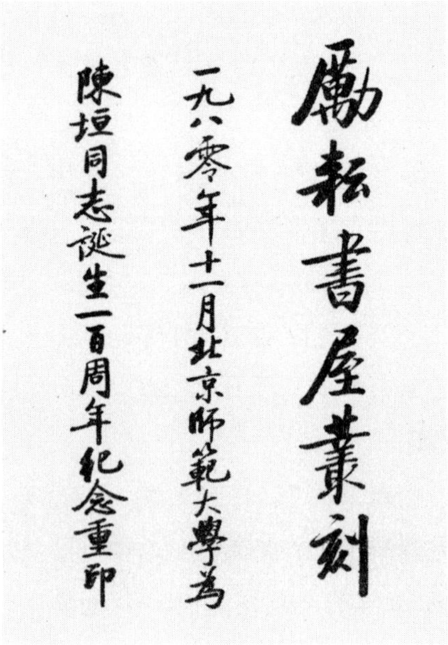

为《励耘书屋丛刻》重印题写书名（1980年）

谈到启功对恩师陈垣永远抱着虔敬的态度，李强说：

在启先生晚年，《陈垣全集》编成了，安徽大学出版社来请启先生给写四个字。启先生已经不能写了，我就集了“陈垣全集”四个字拿去让他看一眼。他在稍微靠右点的地方写了“援庵先生全集”，再拿铅笔写一排“授业启功敬书”。你看，他没有写“敬题”，而写的是“敬书”。我说：“启先生你这就没用了，人家这本书就叫《陈垣全集》，您这‘陈援庵先生全集’七个字了，快长了一倍。而且谁都不知道陈援庵是谁，人家不会用。”他说：“用不用是人家的事情，我一定要这样写的。我一定要写老师的‘号’不能写老师的‘名’。我一定要加先生，因为这是我写的。”①

①《李强聊启功（一）》未刊稿，刘红庆2018年1月22日采访于北京师范大学出版社，弓宇杰根据录音整理。

过眼再过眼咱跑 滑头不滑头你说

早在20世纪60年代初，由周恩来直接关心而开始的“全国古代书画鉴定”因张珩、韩慎先去世、“文化大革命”而中断。拨乱反正之后，谢稚柳等写信给国家领导人，呼吁恢复对全国古代书画鉴定工作。“全国古代书画巡回鉴定专家座谈会”于1983年4月在北京召开，时任中共中央书记处书记、中宣部部长的邓力群和文化部代部长周巍峙到会。会上，由启功等七人组成的“中国古代书画鉴定组”正式成立。

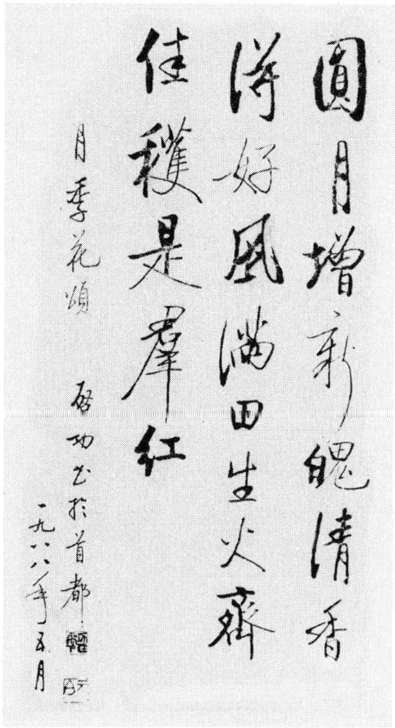

启功书法（1988年）

启功回忆说：

当时有人提议让我任组长，但

姓名	出生年份	籍贯	工作单位	代表著作
谢稚柳	1910	江苏武进	上海市博物馆	《敦煌石室记》《敦煌艺术叙录》《水墨画》等，编有《唐五代宋元名迹》
徐邦达	1911	浙江海宁	北京故宫博物院	《古书画鉴定概论》《古书画伪讹考辨》《古书画过眼要录》《重编清宫旧藏书画目》
杨仁恺	1915	四川岳池	辽宁省博物馆	《唐簪花仕女图研究》《叶茂台辽墓出土画考》《国宝沉浮录》《书画鉴定学稿》
刘九庵	1915	河北冀县	北京故宫博物院	《中国历代书画鉴别图录》
傅熹年	1933	四川江安	国家建设部	《中国建筑史的研究》《傅熹年建筑史论文集》《傅熹年书画鉴定集》
谢辰生	1922	江苏武进	国家文物局	《中华人民共和国文物保护法》《中国大百科全书·文物卷·前言》

国家文物局书画鉴定七人小组合影（自左向右：谢振生、刘九庵、杨仁恺、谢稚柳、启功、徐邦达、傅斯年）

> 我考虑为此事谢稚柳先生曾直接给国务院副总理谷牧同志写信，理应由他任组长。成员还有徐邦达、杨仁恺、刘九庵、傅熹年、谢辰生和我……刘九庵是“老琉璃厂”，虽没有特别高的学历，但实际经验丰富，特别是对明清小名家的作品见多识广。傅熹年是我推荐的，他是傅增湘老先生的孙子，有深厚的家学渊源，经眼的东西很多，又敢于坚持原则。当时有人说他不够资格，我说：“他不够资格，我就更不够资格。”①

摆在“全国古代书画鉴定小组”面前的，是一系列艰巨的任务：对全国现存古代书画进行全面和系统的考查、鉴定；鉴定之后，编辑出版账目式的《中国古代书画目录》、单色图版书《中国古代书画图目》，编精品画册《中国古代书画精品录》《中国绘画全集》和《中国法书全

①启功：《启功自传》，北京师范大学出版社，2013，第134页。

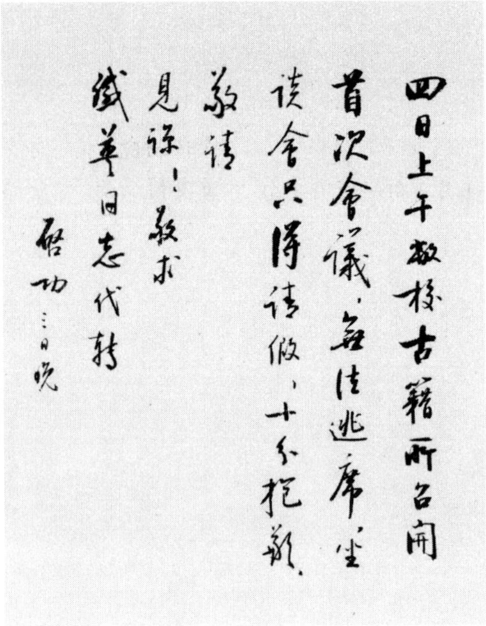
四日上午我校古籍所召开首次会议，无法逃席，坐谈会只得请假，十分抱歉，
敬请
见谅！敬求
[illegible]华同志代转
启功 三日晚

启功手迹

集》。[①]

于是，“全国古代书画巡回鉴定”开始了！

七人小组中的徐邦达除在北京参加鉴定外，其余活动均未参与。而启功缺席了1985年到1986年的上海和江苏书画的鉴定工作。这其中有什么原因吗？

启功回忆说：

……顶尖专家组在一起也常会出现意见相左的时候，尤其是文物鉴定，是真就是真，是假就是假，在表态时容不得含混。而对某一件字画的认识，除了那些假得没边的东西，哪那么好就统一呢？此时如都以老大自居，也就难免出现矛盾。我的态度是我发表我的

①参阅《中国古代书画巡回鉴定纪事》，戴立强整理，载于《辽宁省博物馆馆刊(2013)》。

期序	时间	藏品单位	鉴别数量
第一期	1983年8月下旬—11月下旬	北京地区的故宫博物院等十二个文物单位或部门	14960 件（其中故宫 8330件）
第二期	1984年3月下旬—7月初	在这两期中，对北京地区的故宫博物院、中国历史博物馆、首都博物馆、徐悲鸿纪念馆、荣宝斋等四个单位	
第三期	1984年8月下旬—11月下旬		
第四期	1985年3月中旬—5月初	上海地区的上海博物馆等十一个单位的藏品	9320件
第五期	1985年10月下旬—1986年1月中旬		
第六期	1986年4月上旬—5月下旬		
第七期	1986年6月初—7月初	江苏地区的苏州博物馆等二十四个单位	7500件
第八期	1986年9月中旬—11月底		
第九期	1987年3月上旬—5月下旬	浙江地区的浙江省博物馆等四十一个单位，安徽地区的安徽省博物馆等九个单位	超过8100件
第十期	1987年9月上旬—12月下旬	河北地区十个单位，河南地区四个单位，山西地区三个单位，天津地区七个单位，总计二十四个单位	超过5800件
第十一期	1988年5月上旬—8月上旬	山东地区十四个单位，辽宁地区十二个单位，黑龙江、吉林地区四个单位，共计三十一个单位	超过5450件
第十二期	1988年11月上旬—1989年1月上旬	福建地区八个单位，广东地区八个单位及广西地区共计十八个单位	超过3800件
第十三期	1989年5月上旬—6月上旬	四川、陕西、云南、贵州、江西、湖南、湖北的三十四个单位	超过5050件
第十四期	1989年9月下旬—11月		
第十五期	1990年4月中旬—5月中旬	甘肃、新疆共十二个单位	超过1615件

意见，如果有人反对，我也无所谓。而有的人却太容不得不同意见，如他已经认定是真的，再有人说是假的，他就会质问人家："你说是假的，那到底是谁画的？"这就有点不讲理了，这完全是两码事嘛。争到后来，有人索性提出辞职。①

大约提出辞职的这个人就是徐邦达了。本来大家一起开始工作的时候，约定每年到各地工作三个月。但是，因出现了不同意见，启功心里确实有了"尽量少去"的想法。况且，他觉得自己在北京师范大学有课，未来是耽误不得的。所以，启功没有去满的那两年，主观、客观因素都有，但主观因素更大。为此，组长谢稚柳拍着启功的手说："一年应该来三个月，你怎么只来三个星期呀？"不过，启功并未提出辞职。

顶尖专家间意见不合的消息传到了副总理谷牧耳朵里，谷牧请大家吃饭，举杯敬酒说："一个都不许走啊！"

于是，提出辞职的徐邦达不再坚持辞职，但也就借故不参与了。

1986年，启功被任命为国家文物鉴定委员会主任委员，那么鉴定范围就不仅限于书画了。所有出土文物、古籍，启功参与的鉴定活动就更多了。很多难得一见的精品，启功都亲自参与了其鉴定过程。启功说：

经我眼鉴定的文物大概要以数万计，甚至是十万计，从这点来说，我这一辈可谓前无古人，他们从来没见过这么多的东西。就凭这一点，我就应该知足了。②

在长期与文物打交道的过程中，启功总结出书画鉴定的三点经验：一看风格习惯；二看纸墨；三看旁证。同时，他还提出"八条忌讳"：皇

①启功：《启功自传》，北京师范大学出版社，2013，第134页。

②启功：《启功自传》，第135页。

启功先生

威、挟贵、挟长、护短、尊贤、远害、忘形、容众。启功说："前七项是造成不公不正的原因，后一种是工作者应自我警惕保持的态度。"他把这些感受写成《书画鉴定三议》，后收录在1986年由文物出版社出版的《文物与考古论集》中。谢稚柳读罢，认为启功是借这篇文章挖苦他。启功赶忙解释，说每个例子的出处，都与谢稚柳无关。

谢稚柳听了解释后笑着说："他们都说你滑头。"

启功问："'他们'说我滑头，'你'说我滑头不滑头?"

大家哈哈一笑，这个事情就过去了。

韵絮赘顺口成对 葛郎玛摩拳献疑

启功早有诗名，但直到1988年秋天《启功韵语》出版前，读者并未系统读过启功的诗。他的诗主要是朋友间的酬和之作，一般读者要想读他的诗，大约只能从画作的题诗中领略了。在此之前，香港出版过启功的《论书绝句》，意在阐释“书法艺术”和“书家”，但更多关于书法的内容而非诗这个形式。

启功的诗脱节于他的时代，沉浸在个人的兴趣中。实际上，在启功成长的过程中，白话诗、新诗已经非常风行。最有名的诗人之一徐志摩1925年到1928年出版了两版《志摩的诗》，成为白话诗的代表性诗人。读者们读到的是：

> 这岂是偶然，小玲珑的野花！
> 你轻含着鲜露颗颗，
> 怦动的，像是慕光明的花蛾，
> 在黑暗里想念焰彩，晴霞；
> 我此时在这蔓草丛中过路，

启功先生

无端的内感、惘怅与惊讶，
在这迷雾里，在这岩壁下，
思忖着，泪怦怦的，人生与鲜露？

这是徐志摩的《朝雾里的小草花》。与此同时，一样描写植物，看看比徐志摩小十五岁的启功是怎么写的：

万绿栖鸦忆旧游，河桥回首思悠悠。
落花有意迷金勒，客子销魂倚画楼。
鄂渚人攀犹昨日，霸陵尘劫几经秋。

劳他莺燕殷勤唤，逝水韶华去不留。

“金勒”指有金饰的马络头，也指骑马的人。“鄂渚”为武汉的旧称。在《楚辞·九章·涉江》中有“乘鄂渚而反顾兮”一句。鄂渚位于武汉黄鹄山上游三百步长江水中，隋代改郢州为鄂州。“鄂渚人攀”应该指黄鹤楼的故事。霸陵，也写成灞陵。在唐代，霸陵桥是人们离开长安的必经之路，桥边杨柳掩映，古人折柳送别。

这首诗是启功《社课咏春柳四首拟渔洋秋柳之作》之一。渔洋即清代诗人王士祯，其号渔洋山人，所以世称王渔洋。王士祯有《秋柳》诗四首，流传甚广。启功学诗起步阶段，模仿《秋柳》成四首《春柳》，无论格律还是情调，直逼古人。启功回忆说：

> 我开始进行正式的创作是在参加溥心畬等人举办的聚会上，那时聚会常有分题限韵的创作笔会，我日后出版的《启功韵语集》中开头的几首“社课”的诗就是那时的作品。那时溥心畬是文坛盟主，他喜欢作专学唐音的那路诗，甚至被别人戏称为“空唐诗”。受他的影响，我也作这种诗，力求格调圆美，文笔流畅，词汇优雅，甚至令溥心畬都发生“这是你作的吗”的感慨。但这种诗并没有更多的个人情志，我之所以这样作，一来是应当时的环境，二来是向他们证明我会这样作。①

拿启功《社课咏春柳四首拟渔洋秋柳之作》和徐志摩《朝雾里的小草花》比，没有高低。但是，在继承传统上，启功更得前人精髓，无论形式上还是内容上，都是中国人的审美。而白话诗人等到中年之后，多数回到原点重新拾起格律诗来抒情表意了。可见新文化运动在打破传统的同时，也丢失了更多。而启功一直在守候着汉语言文字的美。

①启功:《启功自传》,北京师范大学出版社,2013,第142页。

坚持中国传统律诗的固有原则，是启功诗的基础。他曾说：

> 韵律包括协韵和平仄，它体现了汉语诗歌的音乐性。从广义上说，中国的诗歌始终是一种音乐文学，而不仅是案头文学。最初的诗三百、乐府，以及后来的宋词、元曲都是可唱的，而且很多唐诗也是可唱的，称为“声诗”，而其他的诗也是可以吟诵的。这显然是由汉语语音本身的特点决定的。汉语的音节多以元音结尾，舒展悠扬，押韵效果强。而汉语又属于有声调的汉藏语系，本身带有高低起伏、抑扬顿挫的变化，我们必须利用这种特点组合语言，从而达到美诵与美听的效果，否则岂不白白浪费了这个特点？如果把诗篇比成一座美丽的殿堂，那么汉语的语言材料就不仅是一堆砖头，怎么砌都一样；组合好了，它就可以变成优美的浮雕，因为它本身就带有优美的艺术性。我们的先人自古就发现、利用了这一特点和优点，才创造了具有民族特色的中国诗歌。有一种观点认为中国的声律学是起自六朝沈约等人，而他们之所以发现四声的特点又是在翻译佛经时受到梵文的启发。我坚决反对这种观点，说它是崇洋媚外也不过分。只要我们翻翻《诗经》《楚辞》以至《史记》，就能找到大量的例证，证明古人早就在诗中，甚至是散文中注意到语言的声调搭配，只不过到六朝时逐渐找到声调的最佳组合，逐渐形成了规律，产生了更为严格、也更为优美的律诗，而后的词曲句式仍然要符合它的基本要求。①

启功三十来岁时，虽然依旧是和溥心畬等唱和，但已不再拘泥于古人格调和辞藻上的赏心悦目，诗作融入生活情趣，笔调张弛有度，用他自己的话是：“传统的调子我也没丢。”但启体诗“那种嬉笑诙谐、杂以嘲戏的风格逐渐形成”，代表作是《止酒》《年来肥而喜睡》等。如《止

①启功：《启功自传》，北京师范大学出版社，2013，第144页。

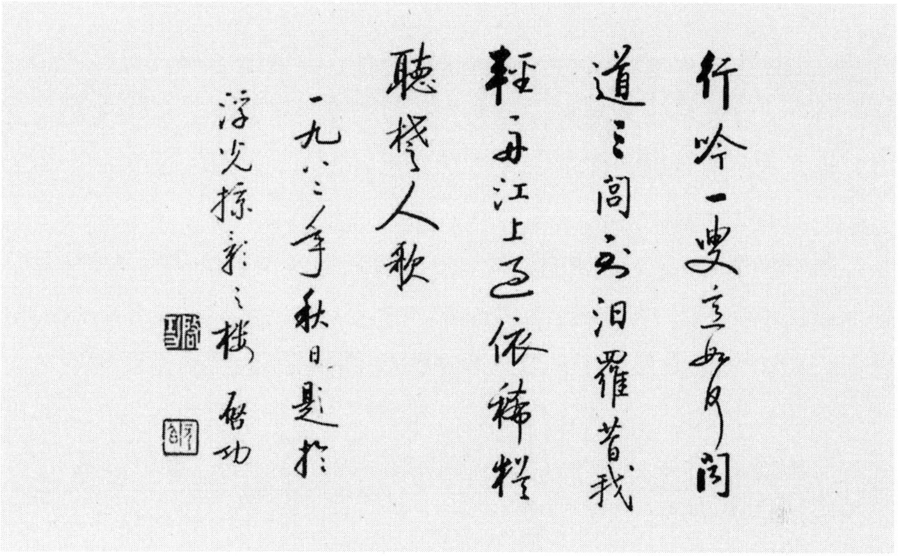

启功书法(1982年)

酒》中有句：

……

席终顾四坐，名姓误谁某。

踯躅出门去，团栾堕车右。

行路讶来扶，不复辨肩肘。

明日一弹冠，始知泥在首。

……

动荡年代，动辄得咎，所以启功满腹悲凉未成愤懑诗，而是对眼前生活的点滴捕捉。之后，待跨越“知天命”的年纪，人生境界“开朗”了很多，不管褒之以“超脱开朗”，还是贬之以“油腔滑调”，拿自己际遇随意入诗，启功自认为“启体诗”风格达到了“高峰”。如《鹧鸪天·就医》：

浮世堪惊老已成，这番医治较关情。一针见血瓶中药，七字成吟枕上声。　　屈指算，笑平生。似无如有是虚名。明天阔步还家去，不问前途剩几程。

从1988年出版《启功韵语》，启功的诗词创作热情越发不可收拾。四年后的1992年，《启功絮语》出版；再过六年，第三本诗集《启功赘语》问世。20世纪八九十年代，他的创作高潮来临，《启功韵语集》大部分作品产生于这一时期，内容题材涉猎广泛，挥洒自如没有定式，用他自己的话是："我自觉晚年的作品更趋于风格多样和'渐老渐熟'，框框更少，写起来更加随意了。"

20世纪最后十五年，连同"诗书合一"的《论书绝句》在内，启功出版了四本诗集：

诗集名	出版时间	分卷	数量	创作时间
《论书绝句》	1985年		100首	20首:1935年 80首:1961—1968年
《启功韵语》	1988年	卷一	21题,28首	1948年之前
		卷二	43题,77首	1957—1976年
		卷三	36题,93首	1977—1978年
		卷四	45题,81首	1979—1983年
		卷五	54题,84首	1984—1988年
《启功絮语》	1992年		15首	1988年冬—1991年
《启功赘语》	1998年			1992—1998年

《论书绝句》整一百首，分两个时期创作。第一次写“论书绝句”时，启功才二十来岁，中年之后陆续又写了八十首。百首诗中，九十六首都附有碑帖影印，针对一两帖或碑抒发二十八字感言，从汉简起，经历《平复帖》《乱丧帖》等，直至晚清小楷，犹如一部“法书史诗”。每首二十八字记，一百首才两千八百字。所以，这是一部最简约的《书法史》。

但是，碑帖学是一门学问，尤其像启功数十年浸淫其中，阅帖读碑无数。而一般读者对碑帖没有这样深的了解，难以读懂《论书绝句》。于是，启功给每首诗写了数百字的解读或阐释。《论书绝句》与他的《古代字体论稿》交相辉映，成为一部可以触摸、可以阅览、可以吟诵的“书经”。

在诗集中，启功还有“论词绝句”二十首、“论诗绝句”二十五首，表达了他对诗词最直接最真切的感受，同时也是一个诗人为诗词写下的“史诗”：

唐以前诗次第长，三唐气壮脱口嚷。
宋人句句出深思，元明以下全凭仿。

（综论）

世味民风各一时，纷纷笺传费陈辞。
雎鸠唱出周南调，今日吟来可似诗。

（诗经）

作为古典文学教授，启功“捧真”与“打假”并行。一方面，他论述古典文学的价值，同时对未能从汉语言自身出发“以英套汉”的“葛郎玛（语法，grammar）”提出强烈的质疑。

清朝末年，马建忠著《马氏文通》，以拉丁文法研究汉语言结构规律，后成为我国第一部汉语语法著作。马建忠，江苏丹徒人，少年时代在上海的天主教耶稣会徐汇公学学习法文、拉丁文、英文、希腊文等外语。

可是，“葛郎玛”这个东西在中国的汉语教材中出现之后，问题很多。英语没有对偶、平仄、骈文、五七言诗句，所以英语语法无法对应研究。汉语句法构造特殊，常见元素不全。《马氏文通》对第一种是直接放弃研究，对第二种谓之“省略”。再到词性，启功说：“汉语的词，用法太活，性质太滑，以英词套汉词，每有顾此失彼的情况。”启功进一步举例说：“小孩游戏，有套圈一项。如用小竹圈套小老鼠，自然没问题，如套大熊猫，就非换大圈不可了，何况汉语研究，又非套圈游戏可比呢！”

汉语研究的“葛郎玛”，如同拿“西医”鉴定“中医”，拿“油画”鉴定“国画”，拿“美声唱法”要求“原生态歌手”，是完全不尊重汉语自身规律的“乱套”，是对传统不自信的表现。启功说：

> 我从幼小时就说汉语，但不懂什么叫“语法”。偶然说了一两句不合习惯、不合标准的话，大人一笑，加以改正，大人也知道是由什么样的准确句子误成的。当然这还有语言环境的辅助，但可见那一两句不合习惯的话，大人是听懂了的，是知道小孩要表达什么思想的。①
>
> 我从二十一岁开始教中学语文，不能不充实些语法知识，就似懂非懂地自学起葛郎玛来。没学好，不会运用，自然是我的责任。但遇到有套不上、拆不开，或拆开“图解”却恢复不了原句时，去请教语法家，也曾碰上有摇头皱眉的时候。另一方面也曾发现中国

①启功：《汉语现象论丛·前言》载自《启功全集》第4卷（修订版），北京师范大学出版社，2012，第101页。

启功先生

启功先生为北师大藏族进修班学生讲书画

古代普通书面语中，也有些问题在葛郎玛书中找不出答案。经过打听，才知那些问题是不在研讨之列或不值得研讨的。我们知道，打扫房间，每个角落都已干干净净，抛出去的垃圾，堆在屋外，也不是妥善办法。何况所抛出的未必都是废物，怎么办？

后来我一直教书，所教的仍是语文方面的课程，有时教些美其名曰“古典文学作品选”的课，其性质和目的，仍是使学生了解这些作品内容，首先是扫开语言文字上的障碍。要使人明白，必先自己明白。我的经验是，凡我向人说不明白处，一定是自己还未明白。这时古典文学中的语言问题，愈积愈多，葛郎玛书中愈找不出答案，而自己的大胆设想也愈多起来。由于自卑感和对“离经叛道”帽子的惧怕，只有藏在胸中，请教无门。[①]

既然“请教无门”，启功就自己解决。他抱着对硬套“葛郎玛”的担忧，在长期的创作实践和教学实践中不断琢磨，到20世纪80年代陆续完成几篇论文：

《古代诗歌、骈文的语法问题》，1980年发表。
《有关文言文中的一些现象、困难和设想》，1985年发表。
《创造性的新诗子弟书》，1985年发表。
《文言文中“句”“词”的一些现象》，1987年发表。
《比喻与用典》，1991年发表。
《从单字词的灵活性谈到旧体诗的修辞问题》，1994年发表。

汉语的“语感”胜过“语言法则”，绝非用英语语法现套那么简单。硬套的“语法”无疑是汉语创作的枷锁。启功举的著名例子是唐人王维的一句“长河落日圆”。启功认为，这五个字重新组合成“河长日落圆”“圆日落长河”“长河圆日落”都是通的。如果组合成“长日落圆河”“河圆日落长”就未必通，但是可以加句子补救。比如：

巨潭悬古瀑；
长日落圆河。

瓮牖窥斜照；
河圆日落长。[②]

①启功:《汉语现象论丛·前言》;载自《启功全集》第4卷(修订版),北京师范大学出版社,2012,第107页。

②启功:《汉语现象论丛·前言》;载自《启功全集》第4卷(修订版),北京师范大学出版社,2012,第126页。

汉语言不给自己规设“定法”，恰恰是汉语言的弹性和张力表现，同时也解放了使用者，让汉语更为生动、精彩。这是笔者读启功相关文论得到的感悟。

启功是书法大家吗？当然是。同样，启功也是一位语言大家、语言教育大家。他对于“葛郎玛”的质疑是建立在自己艺术实践、教学实践基础上的，只是一般读者被他的书法艺术吸引，未来得及关注他的语言学研究罢了。启功随手举了两个不合格的病句或者叫“句子残品”，但这两个句子中国人说了千年，结果被“葛郎玛”废掉了：

> 结庐在人境，而无车马喧。
>
> ——陶渊明

> 天地玄黄，宇宙洪荒。
>
> ——《千字文》

猪跑学校
浮光掠影

师范说训化人

1982年，七十岁的启功终于有了一套自己的房子，入住北京师范大学“小红楼”六号楼。这片校园里的家属楼是20世纪50年代专门为苏联专家建造的二层宿舍楼。在树木、花草的映衬下，六栋小楼的红褐色更为醒目。“小红楼”为砖木结构老建筑，外表不新了，却给人厚重感和沧桑感，只有北师大的顶级学者才有资格住在这里。据说，“文革”时期，钱锺书、杨绛夫妇曾住于此。民俗学家、中文系教授钟敬文、历史学家何兹全也曾在这里住过，两位前辈都活了一百岁。著名作家杨沫和丈夫、北京师范大学副校长马建民及他们的儿子老鬼也曾住在这里。

启功的房子是四居室。之前楼前有一棵高大的绒花树，后改种法国梧桐。因树冠随风而动，夕阳西下时阳光透过树叶从窗前一掠而过，启功感叹时光流逝，遂把这座楼叫作“浮光掠影楼”。在生命的最后岁月里，他便是在这里度过的。

启功名扬天下，造访小红楼的人自然很多。启功回忆说：

> 前来造访的人络绎不绝，常常由早晨六点多钟就有人抢占地形，

在门口恭候的，有的晚上九十点钟还难以劝退的。有的当然是公务，有的纯属私访，有的事先约定，有的突然袭击。公务当然耽误不得，但私访有时也不好得罪，如果没能腾出时间加以接待，往往招致来者不满。还有每天大量来信，情况也如此，大多属于“我是一个书法爱好者”，或“我是一个收藏爱好者”，在恭维了一顿之后就向我索要“墨宝”，还有把自己大卷大卷的作品寄来请我指教的，我哪里有那么多的墨宝？而我自知个人的分量，绝不敢让国家给我配专职的秘书，对那些盼望回信的很难一一作答……有时来的人太多我实在支撑不了，就在门上贴张条子：“启功因病谢客”。但很快条子被人揭去，又因有朋友把我比成大熊猫，便演义成“大熊猫因病谢客”。其实我从来没有自称过大熊猫，更没有直接把它书写张贴，我知道大熊猫是国宝，我哪里敢以它自比？后来让学校出面，拟一段声明，说明确实是由于身体不好而不是找借口推脱。但有的来客置若罔闻，敲门声仍不绝于耳。实在应付不了，我就只好落荒而逃，到学校的招待所躲几天，但没过两天，消息灵通者又闻风而动，接踵而至。有时我索性躲到一般人进不去的地方，如国家招待所，甚至是钓鱼台，但这都不是长久之计。我当时的狼狈劲儿自己都很难表达。①

1993年12月，首都师范大学的欧阳中石找到启功，撺掇启功带头招收“书法博士研究生”。启功问：“什么样的标准可以算书法博士？”谈话似乎无法继续下去，启功接着说：“我也带不了书法博士。”

欧阳中石是山东肥城人，1954年北京大学毕业后到中学工作，1981年调入北京师范学院（现为首都师范大学）教育系从事“书法教育”。1993年在首都师范大学设立了美术学（书法教育）博士点，此后他不懈努力，终于使首都师范大学成为我国高校中第一所拥有从大专、本科、

①启功:《启功自传》,北京师范大学出版社,2013,第119页。

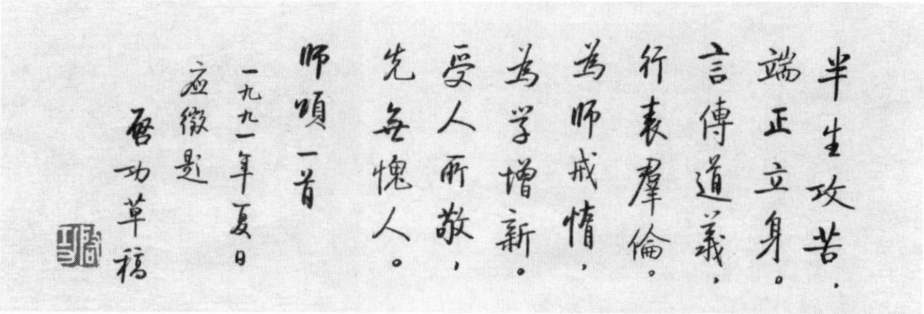

《师颂一首》(1991年)

硕士到博士、博士后的“中国书法教育体系”。

1993年，欧阳中石招的第一批书法博士研究生有郑晓华、叶培贵、解小青。郑晓华1963年生，浙江缙云人，现在是中国书法家协会分党组副书记秘书长。叶培贵1968年生，福建南平人，2003年任中国书法文化研究院院长，现任中国书法家协会第八届副主席。解小青1971年生，山西太原人，是第一位书法女博士，现在是首都师范大学中国书法文化研究院教授、博士生导师。此外，王元军是第一位书法博士后，2012年担任首都师范大学中国书法文化研究院院长。

今天在中国书法界，欧阳中石的地位不可撼动。为什么呢？原因是书法界有话语权的人都曾向欧阳中石要过这个“身份证”。启功当年如果接受欧阳中石的建议，不是也可以给书法爱好者们派发一批业界“通行证”吗？

李强说：“启先生就是不愿意。艺术家有一句话说：‘他们是蘸着自己的心血书写。’毕加索说：‘所有艺术家都是手艺人，他只体现他自己。’启先生就是这样，他所有的事情都是自己指挥自己，他所有的成就都是把自己的心血掏出来，把一腔热血洒在纸上。启先生到了晚年写过‘自忏’，他在查自己有什么毛病没有，忏悔了半天，觉得还有点名声。他每次写完字，都觉得自己写得不太好，他老担心左边站着颜真卿，右边站着怀素，他写字很紧张。他说自己教不了书法博士，不是谦虚，是

全国书法教师第一期讲习班合影（1987年）

他真就这样想。”[①]

那么，欧阳中石对自己“书界博导第一”“书法宗师”有清醒认识吗？李强说：“有。他见了启先生非常客气。我有时候想，我要是欧阳老能怎么办？我知道我不是宗师，只要闭着眼睛不说话，站在那儿装傻就能成宗师，就算我不想要这个宗师名，我立刻把自己的生活和儿子的生活全解决了。这不是欧阳老一人，很多人都这样，这确实是一个考验。其实社会本身就存在一个名利场。”[②]

同一件事，启功的学生柴剑虹写过一个小段：

> 一日，某高校书法教授驾临小红楼，要求先生与其合招“书法博士生”。先生曰：“君若答出启某一个问题，则当允之。”乃问此教授：“何谓博士字？何谓硕士字？”某教授愕然不知所答。先生笑曰：“您既未答，恕功不能允命矣！”后谈及此事，先生遂问余：“考您一

①《李强聊启功（三）》未刊稿，刘红庆2018年2月6日采访于北京师范大学出版社，弓宇杰根据录音整理。

②《李强聊启功（三）》未刊稿，刘红庆2018年2月6日采访于北京师范大学出版社，弓宇杰根据录音整理。

题：何谓博士?”余答云：“博学多识之士也。”先生颔首云：“然则君看眼下许多号称‘博士’者，忽略基础知识。只钻某一二课题，即或字写得不错，实为‘窄士’也。”①

不招“书法博士”的启功，在北京师范大学招了“文献学”博士生。李强说：“文献学本身确实比较杂。启先生意识到考来的人基础太差了，曾在诗里说：‘博士拒《左传》，因为他没有。’古典文学博士不能谈《左传》，因为没看过，可是已经是古典文学博士了。应该说不合格不要他，再要其他人只会更差，这就是现实。启功就给这批人开了一门课，叫《中华文化古代常识》，他管它叫‘猪跑学’。这些常识应该从小就学，都博士了怎么补课？启功说，我也别补了，咱来个临阵磨枪，临时扯一扯。”②在《启功年谱》里也有相关记载：

1995年6月29日，启功对访客谈：现在给硕士研究生讲练习文言文的写法，给研究生补古典文学的基础知识，叫“猪跑学”。俗话说：“没吃过猪肉，还没有见过猪跑么?”③

1998年6月1日，已经八十六岁的启功给博士生上课，启功说：

我现在豁出去了，给研究生讲先秦以来的文化史，文化的变迁，给博士生讲，先不让别人听，这是纵的，系统的。找到一本钱穆的《国史大纲》。还有横的，即“猪跑学”，包括如何查字典、部首、四角号码，运用工具的方法。④

---

①柴剑虹:《高山仰止——论启功》,中华书局,2012,第191页。

②《李强聊启功(三)》未刊稿,刘红庆2018年2月6日采访于北京师范大学出版社,弓宇杰根据录音整理。

③侯刚、章景怀编著:《启功年谱》,北京师范大学出版社,2013,第270页。

④侯刚、章景怀编著:《启功年谱》,第304页。

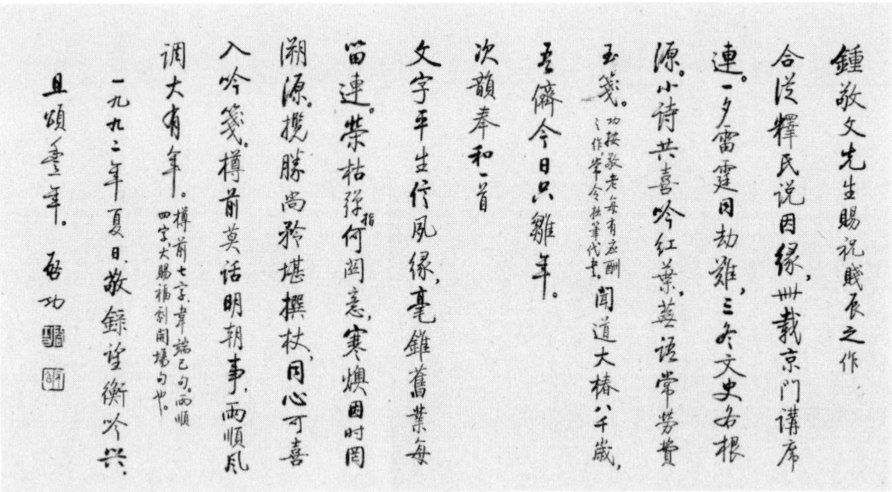

启功奉答钟敬文的诗（1992年）

中国民俗学泰斗钟敬文比启功年长十岁，俩人是诗友，互相欣赏。李强说：“启先生开‘猪跑学’的时候，钟敬文就有点理想主义，跟启先生说：‘咱俩在中文系开个课，教教这些孩子们作诗。’启先生说：‘您高明，您教吧，我不干。’他俩关系好就直说了。钟先生问：‘为什么不干？’启先生说：‘这能干吗？就像在沙滩上盖楼，这能盖吗？我反正没有抱什么希望。’后来这事儿没有弄成。启先生认为，认真地讲点古典文学常识是真的，作诗这件事情是把古典文学烂熟到心里通过诗歌再表达出来的东西，年轻人真做不了。启先生虽然觉得迟到的春天要为国家贡献，但是他心里头有一些悲凉，有一些消极，他认为这件事情还不是一朝一夕的事情。将来过五十年过一百年，有没有可能产生像启先生这样把中国文化重新捡起来玩儿得挺好的，有没有可能？不敢说。但是他学生辈里头有没有呢？他不信会有。”①

①《李强聊启功（三）》未刊稿，刘红庆2018年2月6日采访于北京师范大学出版社，弓宇杰根据录音整理。

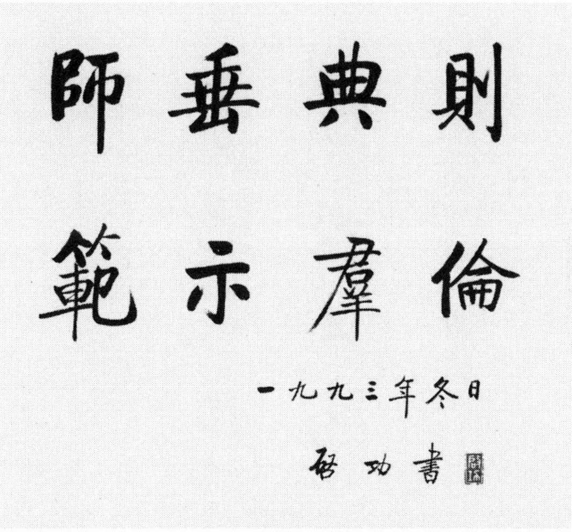

为北京师范大学出版社迁址题词

1993年，北京师范大学出版社迁址，启功题词曰：“师垂典则，范示群伦。”1997年北京师范大学迎来建校九十五周年，校长袁贵仁见到这八个字，就盘算着用这八个字作校训。他派侯刚去征求启功意见。侯刚回忆说：

> 袁贵仁校长提出拟用启功给师大出版社题写的八个字“师垂典则，范示群伦”作为校训，征求启老意见，他说：“那八个字太文了，不够通俗，不宜作校训。”过了几天，又拿来一张草稿，有“为人师表，以身作则”等数条，其中就有“学为人师，行为世范”八个字。最后经学校讨论，选定了启功拟写的“学为人师，行为世范”作为校训，这八个字简明扼要地概括了对全校师生的期望和要求，也十分贴切地反映了师范大学应有的特点和百年名校深厚的文化积累。
>
> 启功讲他对这八字的理解时说：“学，是指每位师生应具有的学问、知识以至技能，仅仅具有还不够，要能够成为后学的师表。行，是指每位师生应具有的品行，包括思想、行为、待人、对己，方方

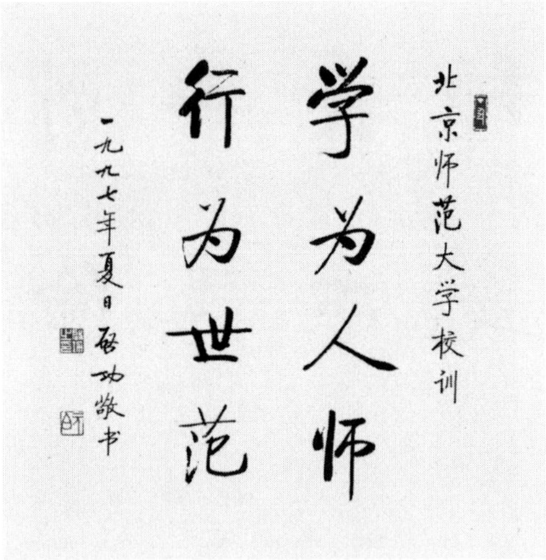

北京师范大学校训

面面、时时刻刻都光明正大，能够成为世界上、社会中的模范。这种模范，不用等待旁人选举出来，自己随时扪心自问，有没有可惭愧的思想行动。”启功正是身体力行，以他的言传身教，在学问和人品方面为我们树立了光辉的典范。①

汉语“师范”一词，最早出现在文献中的时间是汉朝。扬雄的《扬子法言》中有记：“师者，人之模范也。”到了清朝，变法革新派梁启超曾设想设立“师范斋”：“欲革旧习，兴智学，必以立师范学堂为第一义。”1902年京师大学堂创设时就有“师范馆”。1923年在“京师大学堂·师范馆”的基础上成立了“北京师范大学”。现代“师范”一词沿袭了古人“堪为人师而模范之”之义，成为培养教师的学校。而启功的职业生涯中，最基本的一职就是“教师”，在“师范”培养教师。那么，什么是师范？曾有人问过启功，启功回答说：“学高人之师，身正人之范。”

①侯刚：《启功图传》，河南人民出版社，2014，第104—107页。

启功先生

而今通行的百度标准解释“师范”时就用“学高为师，身正为范。故为师范！”这显然用了启功的话。

居先苏虞立义雅手复佳存初病画画而山
皆已为发手史唯男半为后生学之也
坐子杨佳初来主画之我于西复来岁
像评诗录动米观自雅秾之美也里成
书之道古机石恒为要称之笑旧崇辞
气之际可同之生

雁灯同志正之 启功

【第六编】

身后记敬

QIGONG SHUSHI

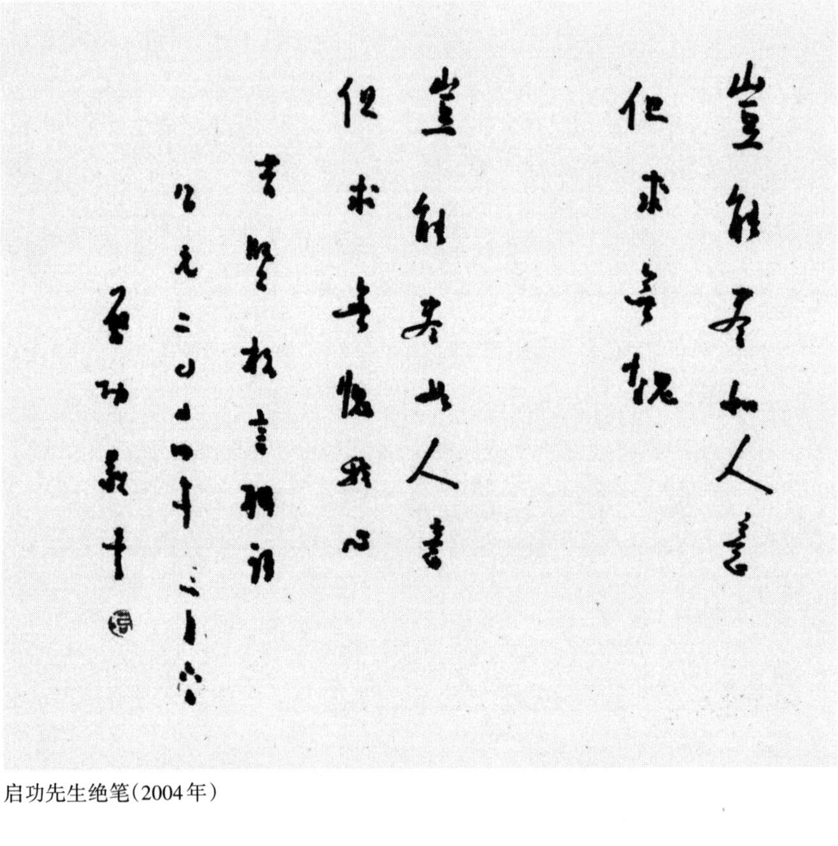

启功先生绝笔（2004年）

傍大师无拣择心 学牛马不畏敲脑

2005年启功去世后，北京师范大学出版社“书画编辑室”改为“《启功全集》编辑室”，李强成为编辑室的主任。1981年，李强从西安考进北京师范大学。1984年、1985年，李强给出版社设计封面，名字就经常和启功的名字并在一起。他说：“现在大家‘傍大款’，我从来就是‘傍大师’的人。”1985年，李强毕业留校，在“北师大周报”工作。1986年，他写了一篇小文章，以韩传为笔名，发表在《北师大周报》，题目是《启先生的雅兴》：

中文系启功先生，文化名人。虽文化名人，不见有人送礼上门，不及一总务科长。所以，启先生对收礼兴趣浓厚。

丙寅正月，有朋来访，启先生对襟棉袄小毡帽，迎到庭前。敬茶落座，说是有礼物相送，启先生两眼就看定朋友的提兜。君子之交，能送些什么呢？启先生两眼放光，看到朋友从兜里取出两只布老虎，道是虎年吉祥，喜不自胜。朋友声明，一只送给启先生，一只送给先生的侄孙——一年未见，也好教小友不致失望。先生马上把食指放到嘴上，示意不要出声，轻声告诉朋友说：小友睡了，不要吵醒。

我们的先生，遂拿起那两只布虎，仔细看了看又回顾侄孙房门有没有任何动静，转眼，皆收藏不见。

那时候，有一位先生经常拿启功的作品找李强或者他的同事来拍照。这位先生是时任北师大校长办公室主任的侯刚。

当时，随着启功影响逐渐扩大，学校计划专门为启功配一名秘书。启功知道后拒绝了。他说："我耽误不起年轻人。他给我当秘书，不是把他的事情给误了？"于是，每每有教育部、文化部要字，校长办公室主任侯刚就担起与启功打交道的任务。侯刚去启功家里拿一幅字，要送给日本人，而他又想留个资料，怎么留呢？他就去"北师大周报"找李强或别的同事："你们谁能给我照一下？"

李强他们给侯刚照了，把底片给他，启功送出去的字就在侯刚手里有了一份底儿。后来，校长办公室有了复印机，侯刚就用复印机留底了。李强说："复印件虽然效果差，但起码样子留了下来，相当于拓片。拓片是黑底白字，复印件是白底黑字。"

到启功更加"火"的时候，已是北京师范大学出版社编辑的李强受出版社委派，去找启功："出版社要成立一个编辑室，为您做书，叫'启功书画编辑室'，您觉得怎么样?"

启功说："不要用我的名字。"

李强说："那就叫'书画编辑室'如何?"

启功说："行。"

书画编辑室成立了，李强做了编辑室主任。既然只做启功书画，那么与启功接触的机会就更多了。有一次，李强和启功聊天，说到出家人，他问："谁是大德，谁得道多?"

启功说："不用判断人家德大德小，出家人之所以出家就是抛开凡

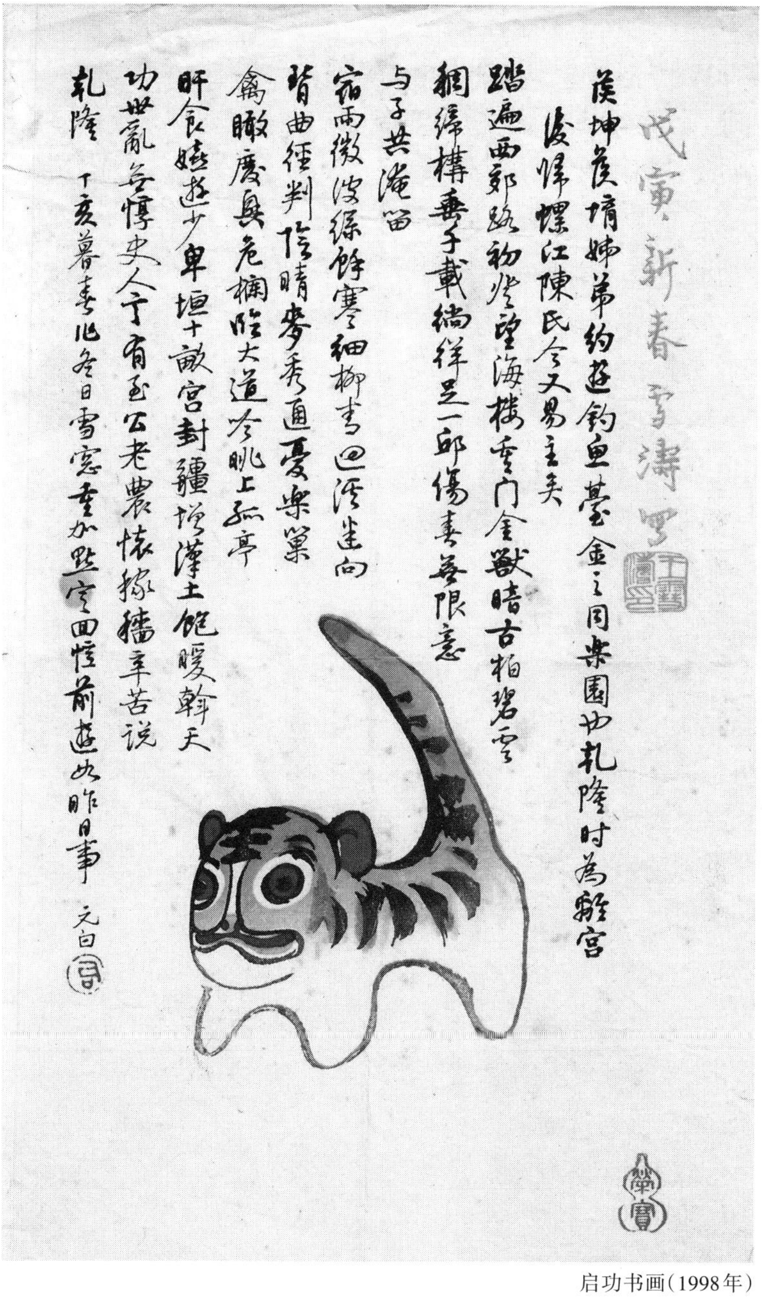

启功书画（1998年）

事，一心求道。”

李强说：“启功是别人不尊重自己，自己忍着，还要尽量尊重别人。这是目前为止一个人所比较可选的做法。可选，也是站在他的价值判断上。而对于性格耿直、说话痛快的人，这当然不是首选。”

李强到北京汇文中学拍回来的一些青少年时代的启功资料。其中有一篇启功同学写的作文《启功印象记》，说的是启功十九岁的情况。文中云：“启功天资很聪明，嘴上不饶人。”典型的一个愤青。

经过几十年磨砺，启功修炼成了什么样子？

有人问启功：“这字是你写的吗？”

启功说：“这字比我写得漂亮多了。”

“从愤青到平和，这中间的跨度有多大？”李强说：“第一，这字一定是个傻×写的；第二，一定不如他写得好。但是，启功连‘这字不是我写的’都不说。这是一个多大的弯子绕过来啊？中间发生了多少波澜壮阔的故事？”

1989年，李强结合自己的处境，研究启功，最后看明白了。

2003年到2005年，李强的脑子里才有了“启功的字能卖钱”的概念。他说：“喜欢启功的字，就留着。这是收藏的本意。比方说，你喜欢个姑娘，难道说还要把她拿出去卖钱吗？喜欢至多把着就完了。喜欢书画一开始就这意思。”

可是进入21世纪，炒启功字的人已经挣钱了。李强回忆说：

> 我因为在启功身边，接触到了，知道他的字画能卖钱。那时，我非常看不起拿启功东西卖钱的人——尤其看不起做启功假的东西卖大钱的。记得做一幅“假启功”当时卖三十万，我编启功书画，天天经手的都是“真启功”，一年才挣三万块钱工资。那时我觉得，成天制造“假启功”的人，该坏到什么程度！

那时，有人到潘家园花十块钱，就能买一张“假启功”的字——狗都会写的字——回来挂在墙上。这是启功热之后，最基层的喜欢启功的人。

而有点钱，但跟启功没有交道，就需要拿钱来架桥。有人花了钱买的是真字，有人花了钱买的是假字。有的人花了一百万买了一张假的，还在家抱着。比这更让李强气愤的是，有人弄一张假纸在上面瞎涂抹涂抹拿出去卖了一百万……

李强在启功身边，编辑《启功书画》，看到的都是真迹。有时候启功高兴，送李强两件作品，李强拿家里留着，收藏起来。启功的字值一万块钱，李强没出手；值一百万，他也没出手。因此，他手里的东西，既值一百万，也不值一块钱，反正他不交易，他只是喜欢。

李强态度慢慢有了变化。他不再瞧不起以巨资买“假启功”而依旧高兴着的人。为什么呢？李强说：

启先生了不起，就了不起在这么大的金字塔往上摞。我为什么没这么牛？因为既没有人卖我的假字，也没有人卖我的真字。我就干干净净没是非。所以，我一个人一屁股坐在地上。

启先生那个莲花宝座就大了，就高了。他坐在上面，他屁股底下其实也挺纯粹的。可是再往底下看怎样？还别说启功，释迦牟尼厉害不厉害？你去庙里头看看，有几个明白释迦牟尼的？

所以，疾恶如仇的态度，就总是有拣择。实质上在区别，在挑拣，在分辨。

我现在释然了，不再像当时那么愤怒了。去到庙里头看，那么多烟火，很多人都在说：“佛，我给你烧一百块钱的香，许一千块钱的愿，你让我发一个一万块钱的财吧！”他开这个口就说明，他觉得他比佛聪明是不是？但佛还是答应他了。

因果轮回，有不可思议之妙。如果佛跟国家政策一样，也将农村户口怎么办、城市户口怎么办、小学生怎么办、中学生怎么办，那佛也太傻了。佛怎么办事？佛说不可思议——那不是个思议的事。

中国学问说到底也是学行结合的，不光是学的事，学完了还得行呢！佛修行肯定不是一个仅仅思议就能解决的问题。所以佛说“不可思议”。

思议的，都是小聪明的主意。你能让他改变吗？他就是轻飘飘的灵魂，也别瞅不起这灵魂，总有一天机缘成熟时，他就通透了，咱别着急。

书画编辑室先将启功的三十六种《坚净居丛帖》刊行了。2004年，启功九十二岁生日，李强编辑出版了《启功口述历史》《启功韵语集》《启功讲学录》《启功题画诗墨迹选》等。

有一次，和启功聊天，李强问：“为什么书法史上的大事小事，你都这么清楚?”

启功说：“有些事情是我和你都了解的，比如书法史上王羲之的事情，本来就没多少，他也没什么专著。但是有没有你不知道，而我知道的？有。但是没多少，我告诉你，你不是就知道了?”紧接着，启功更加坚定地说：“有一些事情是你在追寻，而我也不知道的。但是，我还告诉你，这事谁都不知道!”

李强后来反复琢磨启功的话，他觉得这不是表达见识，是表达做人。世界上冒充导师的骗子太多了，启功把孔子的“知之为知之，不知为不知，是知也”换了一种说法。李强说：“有些人攒了一堆乱七八糟的东西，成了博士生导师，就总是想教训人，总要说别人对与不对。因为见识少的人，所以他才会有这种自信。见识多了，就不会有这种自信了。”

2005年初，启功住进了医院。李强忙着做启功书写的《心经》。启功躺在医院的病床上，身上贴着条子、压着管子，什么都不知道。这样一百天过去了。

启功先生

《心经》还没做完，启功走了。李强为《心经》写了跋：

2004年7月，启功夫子九旬晋二寿辰，我社出版了《启功口述历史》等数种夫子新著。大家到家里给夫子祝寿，带着新出的样书。夫子那天兴致很好，精神矍铄，说话仍是一贯的风趣。在为大家签名留念时，夫子谈到，书可以出得小一点、薄一点，一本书说清一件事，书也就便宜一些。如沐春风的情景恍如昨日，转瞬成为那样的遥远了。

当时受夫子精神的鼓舞，我们很快找到几种启功书法资料，征得夫子同意，准备出几种“小书”，其中就有这本《心经》。到了2005年的新年，红皮子的《启功楷书千字文》“小书”送到夫子手里，夫子和我们都很喜欢。不几日，夫子一病竟至于不起了。

这本《心经》几经拖延，成为一个未了的心愿。一年多的时间，每次想到夫子心中就会赧然。先得到《心经》手迹的复制件，拍照制版，为了印得更好些，又搜求到原件的反转片，重新制版。到这次即将付印，一位前辈建议我们，过去有朱砂写经纪念亡人的心方，我们再次改版，用朱砂调制了PANTONE专色油墨，终于完成了这本“小书”的出版。

夫子是得道大德，这一册手书《般若波罗蜜多心经》尤为珍贵。愿将新出的样书献在夫子灵前，寄托我们永远的思念。

南无阿弥陀佛

李强说：“启功一去世，北师大党委做出‘九条决议’，现在我还能记得第一条和第九条。第一条，是号召全校师生向启功同志学习；第九条，北京师范大学党委决定编辑《启功全集》。”

北京师范大学党委决定编辑《启功全集》。随即，北师大出版社成立《启功全集》编辑部，主任最恰当的人选当然是李强。

启功先生书房一角

于是，“牛马走”的姿态，在启功去世后，李强保持得更加虔诚。他在侯刚、启功家人章景怀和启功学生们强有力的支持下，做了两件启功明明不愿意干的事情。

第一，编辑《启功全集》。启功健在的时候，曾有人劝他印《全集》，启功在诗里说：“或劝印《全集》，答曰殊不妥。”李强在做启功不愿意做的事情，他自我解嘲道：“作家、学者亲手编辑自己的《全集》可能不妥，但您老人家走了，剩下的事情我们办，也不算是违背您的意志吧？”

从四十岁做到五十岁，李强做得紧张而有乐趣。

第二，搜集启功的诗。启功曾给大家讲，郑板桥编好自己的诗集后说："谁要在我死后，把别的诗编入这个集子，我就变厉鬼击其脑。"说罢，启功开玩笑说："谁要把别的诗编入我的诗集，我也变厉鬼敲他的脑袋。"启功在世，编定的诗集有三部，分别是《韵语集》《赘语集》《絮语集》。李强把三本合为一本，以《启功韵语集》出版，其中诗歌一共八百七十多首。李强说："紧接着我们编委会又搜集了他的八百多首诗，叫《集外集》。"

李强是编委会主任，他不怕启功变成厉鬼敲脑袋，因为李强在启功家里找出来一本启功编好但没有出版的诗集，是启功搜集的郑板桥诗集以外的诗，叫《击脑集》。李强说："郑板桥怎么说的呀？启功你怎么做的呀？你还至于击我的脑袋吧？所以，我不怕。"

2

红远结飞楼无解
活海鲜商场不写

启功几乎跨过了整个20世纪。这一个世纪里，启功是顺着中国传统文化的水流过来的，没有拐弯，没有挣扎。而更多的人“向左转”或者“向右转”，寻找新的价值去了。因为左转的势力太大了，所以坚持着的启功就很狼狈。但是，到了21世纪初，曾在20世纪左转的那些人又都转回来了。大家突然发现，启功根本就没动。说他保守可以，但他的价值没变，只是别人又回来了。

李强说得有点激动，他强调：“启功的价值不是他发现了过去我们没有发现的精神和价值，而是他坚守了我们传统的精神和价值。”李强认为：

启功和别人不一样，连他老师都学西学了，启功没有。陈垣和鲁迅同年生。鲁迅和陈垣早悟到了，之后就回到传统文化了。

不少人一说就是：我们学过西方的素描和人体。但是，你为什么不去画素描和人体，为什么你最后还是搞大写意？这就是说：启功坚持着自身的文化价值，而那些学西洋的又回来了。在启功这一茬人里，除了启功，全是。

启功一直在提：中国人是拿毛笔反映现实，反映出来的是经过心灵加工的。虽然可以说毛笔不如照相机反映出来的逼真，但是照相机可以说什么思想都没有。

有人说，李强崇拜启功，是因为我在北师大，离启功近。他的意思是，我在北大，就喜欢季羡林了。你明白吗？我要是在你跟前，我还是你的信徒，你够吗？

李强一直觉得奇怪，早于启功出生的人全都向西方学习了，启功居然彻头彻尾守着中华传统。他比老师陈垣晚生三十多年，但有一些做派恨不得比陈垣还老。不过，陈垣教启功做学问要“竭泽而渔”，倒真是帮到了启功。这种方法就是把所有可能性举一遍，以证明没有例外。这说明启功受到现代科学的影响，很有科学精神。比如关于语法，启功说：“用英国人的语法套用到中国文学，不合适，这也不算了不起的学问。主谓语定状补？”“唐诗里的‘红远结飞楼”，这个语法结构你帮我分析分析？’启功举出例外，说明那个理论不是放之四海而皆准的。

启功晚年是“无我之我”。李强说：“启功1978年说要死了，结果没死。活过来后他有吃有喝有钱有地位，但哪一个对他有用处？吃点冰激凌，还要拿开水涮涮，再倒进嘴里头。睡的地方，就一个破架子床。而再大的官位，对他不都是虚的吗？”

所以，启功只有更加社会化——把自己贡献给社会——才有意义。于是，李强帮着启功把琐碎的事情收拾收拾。他在启功家里找到一张条子，上面有启功写的一首诗。这首诗如果用书法很漂亮地抄出来，就成作品了。但当时写完扔到一边没抄，很容易丢失。李强把它理出来印到书上，从此这首诗就丢不了了。

做了十年，李强不但完成了目标，还超额完成了。他说：

我坚定地认为，咱们国家或者整个社会，太缺乏对人的价值认定了。现在很流行的观点是，钱很重要，马上享受很重要。你问我“这些重要不重要”，我说“重要”。但我再问“有没有更重要的”，我的回答是“一定有”。如果十个人里头，只有两个人认为没有了，我觉得没事。五个人认为除了吃喝人生就没有意义了，而另外五个人认为还有一些其他的意义，这也算好。但是，如果十个人里九个人甚至十个人全都觉得除了吃喝人生就没有别的意义了，那么，启功就成了一面镜子。启功发现了很多我们根本没有发现的价值；启功体会了很多文化的快乐，而成天贪污很多钱的人根本没有体会……

谈到“师”，李强认为：

中国人说到“师”，分“经师”和“人师”。经师就是读经书的老师，人师是做人的老师。常言道：“人命难得，人师难求。”人命难得，两亿个精子活一个，当然难得了。过去佛教说，一个阴一个阳，中间还有一个中阴，这三样东西碰到一起才有人命，不碰到一起没有人命。佛有《入胎经》，在两千年前把入胎的过程讲了，跟现在妊娠过程差不多。我读完震惊了：释迦牟尼怎么干的？两百年前人类还不知道的事情，他两千年前就想明白了。就在几十年前，一个女人不生孩子，就把这个女人往死里打。那时男的没精虫的概念还没有普及啊！但是释迦牟尼一静坐，心就像镜子一样，自然界那些东西都反映出来了，所以他说得很清楚：人命难得，所以要珍惜人命。

“人师难求”是什么意思？就是有了命在世界上，跟一个无娘的孩子一样，瞎走。不是没有生的欲望，不是没有饥渴，是没有见识。

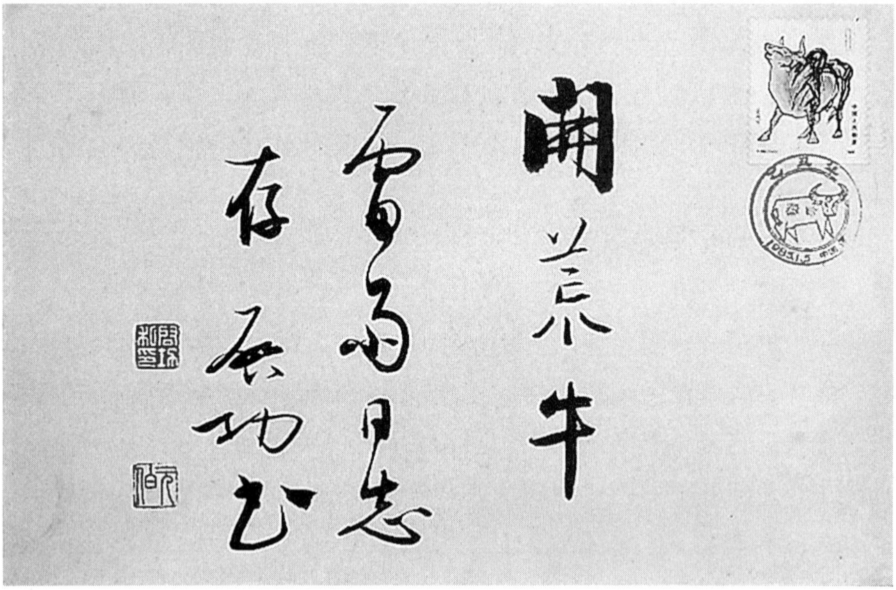

题曾友人(1985年)

这就需要“人师”了。

每个人都有灵魂，但灵魂有轻有重。轻飘飘的灵魂是修炼少轮回少的灵魂，沉甸甸的灵魂是修炼多轮回多的。我认为最沉的灵魂就是马上要修成离开这个五行了，要超脱了的那个灵魂。我佩服启功，因为启功的灵魂还在世上呢！灵魂修炼到一定程度，本来应该走，还会出现在世上，救苦救难，渡人。——这就是人师难求的境界。

碰见这样的人师，是缘分。我可以埋怨这辈子生得不够漂亮，个子高个子矮，我也可以埋怨我生得早了一点，生晚了一点，以至于我没有碰到李清照。但是，能碰见启功，我觉得确实是个圣缘。

《启功全集》二十卷，李强认为普通读者应该先从《启功口述历史》读起。作为责任编辑，李强头一遍看完觉得自己读懂了。但是，过些年再看，又发现了曾经未发现的真谛。他说：“启先生真是文章大家，说话绕了多少圈子？一抖，跟提毛笔一样，一甩，劲儿就出来了。”

启功说：“叶恭绰说过，天潢贵胄的子孙，总有这样聪明绝代人物。”启功说过就完了，但李强说：“这话多深呀！”“聪明绝代人物”除了启功还有谁？启功说了什么，藏了什么，不反复读就读不出那深意。李强说：“启先生的字为什么好看？就是那种轻盈的绵柔里藏着的硬硬的骨感……”

对启功价值的判断，李强说：

他是传统文化的具体示范，而且水平还很高。我更佩服孔子，但孔子被人们描了很多油彩，他究竟什么样？谁也不知道。但是，启功我知道，多高，手什么样子，喜欢什么，我真的知道。

我们曾经出版过启先生临的《玄秘塔》。什么是《玄秘塔》？写《玄秘塔》的那个人用笔功夫如何？谁知道？就只能看碑了。启先生说，碑就是个剪影，看不见毛笔运笔的过程。启功临这个东西，就好比一个桥墩，你在这边，塔在那边，通过启先生，我们起码看到了墨迹。当然，墨迹里有很多启功的东西。这没错，但我们中国文化不就是这样一代一代传承吗？

别看我对“启功”这俩字很在乎，但是我也不在乎。他是中国文化脉络中的一环，没什么了不起。但是，我就是这里生出来的，我是黄种人文化的血脉；另外，目前人类社会这么长的文化好像就这一个。偶尔会表现得好与不好，但是文化整体是生生不息的。

启功生活在文化传统的断层中，他延续我们过去的文化传统。文化是一个接续的过程，不能缺失了根源。

李强觉得，启功是中国传统文化自觉的坚守者，坚守了一个世纪。而同时，启功还是一个在家修行的大菩萨。“一般，写个牌匾都可以。但你说给写个‘活海鲜商场’，那不行，启功是佛教徒，不干这事……”

弃故事片无道理 讲民族魂得人心

2011年，中国书法家协会成立三十周年，文联要做一部关于书法家的电影，选中了曾经的“书协”主席——启功。启功是北京师范大学的教授，北京师范大学对电影《启功》也表现出了热情。丁荫楠到了北京师范大学书法系，没人管。去中文系，就有人说风凉话：“你什么时候也给我拍个电影啊?”

不得已，丁荫楠最后跑到《启功全集》编辑部。李强说：“要拍《启功》，挺好的。我们原来还想拍呢!”

丁荫楠问：“你们怎么想拍?”

李强说：“2006年，启先生刚去世，广东校友会打电话来说：‘我们出八十万块钱，咱们拍个《启功》电影吧?’我说：‘好!’结果，八十万也没来，找的写本子的人也没写。不了了之了。”

这回来的是大导演，肯定有人出钱，那就召集人写本子吧。于是，他把曾在启功身边而今也都成了老先生的一群人集中起来，座谈。

老先生们问：“干吗?”

答曰：“拍《启功》电影。”

再问："什么电影？"

答曰："就是《启功》电影。"

追问："《启功》什么电影？"

答曰："故事片。"

老先生们明白了，直接说："不行！你们一拍故事片，肯定是启先生到处谈恋爱。要拍就拍个纪录片，讲讲启先生的红学，讲讲启先生的书法，讲讲启先生的诗词，画也画得不错。"

丁荫楠愣着，没说话。过两天，他又来了，说："咱们再讨论讨论。"

一位老先生说："纪录片，我负责谈启先生的学问，你呢？"另一位说："我负责谈启先生的艺术。"再一位说："我负责谈启先生的鉴定。"

丁一楠听罢，请大家拿本子出来，各位老先生就答应安排自己的学生写本子。半年后，稿子弄齐交给赵仁珪先生统筹，再由李强组织一下交给导演。这就是电影脚本第一稿。

丁荫楠看了本子又组织开会。他在会上突然提问："我问一个问题。"

在李强眼里，一向谦虚的丁荫楠，名气比在座的老先生们大，但是关于启功知道得少。大家都说："你说吧。"

丁荫楠问："周恩来算不算名人？"

大家说："当然算。"

丁荫楠接着问："为什么周恩来我能拍成故事片，启功我就不能呢？"

这回，没人回答。接着，丁荫楠说："我觉得还是拍成故事片好。为什么呢？第一，这是我的专业，我擅长这个；第二，这么拍，看的人多啊！纪录片在哪儿放？放给谁看？中央电视台播一遍就没人理了。这大家都知道吧？"

丁荫楠日后回忆说："我当时耍了一个花招。"在现场，丁荫楠答应了。他说："拍个纪录片也很好。你们先告诉我启功是怎么回事吧。"丁荫楠希望启功身边的人来写脚本，启功的学生就启功的书画、考古、文字学等分头来写。几个月后，拿出来一看，不是电影剧本，是启功事迹，

启
功
A Falling Qing Imperial Family
A Story of Aisin Gioro Qigong
THE CALLIGRAPHY
MASTER
DIRECTOR
DING ZHEN
CHIEF DIRECTOR
DING YINNAN
MAIN TALENT
KONG XIANGYU / ZHANG SHAOGANG / ZHANG WEIXUN / LIU LIN / XIE YUNSHAN
PRESENT
YOUTH FILM STUDIO / SHENZHEN FINANCING CITY NETWORK SERVICE CENTER CO.LTD / ZHUJIANG FILM GROUP / BEIJING NORMAL UNIVERSITY / CHINA FILM ASSOCIATION / BEIJING BODEI GOLDEN FILM MEDIA CO., LTD
PRESENTED BY
YU JIANHONG / DONG YUMING / LIU CHUANSHENG / CAO YIN / HUANG XIAODONG / YE SHUXIAN

《启功》电影海报

是大事年表。丁荫楠心里不甘，自己不是拍纪录片的。再说，《启功》纪录片有好几个了，没有一个被人记住的。但是熟悉启功、热爱的启功的人认为，把启功拍摄成故事片是不可能的。大家怀疑丁荫楠：“你能拍好吗？你能找到演启功的人吗?”

丁荫楠说：

> 后来关键是我就找了一个化妆师，把北京人艺的老演员马恩然老师弄来化好了妆，带到了章景怀家——就是启功家。正好启功的几个研究生在那儿，一见马老师吓傻了：“怎么搞的？怎么这么像啊?”我在不断说服他们，让他们感觉到是可以把《启功》拍成故事片。我秉着这个精神，我没有机械地跟他们说一定要拍，我用实际做法来证明自己的主张。我们为演员做好造型给你们看。“哎呀，真像啊!”这样，我心里有底了，踏实了。启功的内侄章先生一直支持这个事情，大家对启功有感情，你弄好了，干吗反对啊?

“为什么启功能活到九十三岁？为什么启功那么磨难的一辈子，最后这么辉煌?”在一年当中，丁荫楠一直在思考这个问题，当课题来研究。丁荫楠说：

> 最后总结出来，简单点儿说就是，由于他的道德和他的文化。文化是力量，道德是他的根。由于他是皇族，家庭教育特别严格，所以孝悌忠信礼义廉耻，做事情这种中国传统的儒家文化的思想管着他的生活、他的底线，从来不坑人，做好事。再说他还是佛教徒。他有文化就能化解一切矛盾。他想得开，心胸开阔，豁达对待人生。他在磨难的时候没有绝望，始终在自己最美的地方，最喜欢的世界生活。把他打成右派了，他就去念古诗词了；你再怎么对他，他自己画画去了。抗战时期最苦的时候，他没在家里画画，就教书去了。

《启功》电影海报

他没有兴趣当官，就是搞自己喜欢的那套东西。这套东西成就了他，支撑了他的生命。改革开放了，又重新唤起对传统文化的兴盛。他如鱼得水，一下子就辉煌起来了。他是厚积薄发，不是毫无准备的，他的整个生命就沉浸在传统文化、历史文化当中，这些就支撑着他的生命——我是这样理解的。

尽管有自己的理解，但是电影市场已经不是20世纪80年代的电影市场了。现在电影院都是二十几岁的人看，很难找到五十来岁的电影观众。电影内容没有中老年人关心的话题，而且电影票贵。再说，进电影院待着不舒服，电影放着，观众一边聊天，一边接吻。丁荫楠说："电影已经改变了。在戛纳，电影是真正的艺术。艺术电影要穿正装去看，连老头都看。但我们不是这样。"

一次，丁荫楠到一个分管文化的官员那里争取经费支持。这个官员的话很伤丁荫楠的心。人家问丁荫楠："大家都拍《泰囧》了，你拍《启功》谁看啊？"丁荫楠说："如果电影院只要《泰囧》，我宁愿放弃这个电影院。我是干专业的，我的电影就不在这儿演了，你也别来看。我想拍

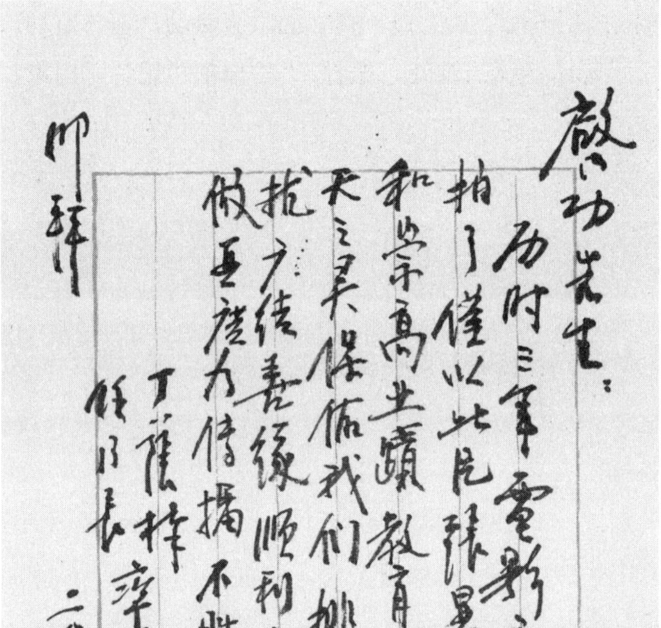
啟功先生：
历时三年电影启功就要开拍了，谨以此片张显您的大德和崇高业绩，教育后人。祈您在天之灵保佑我们排除恶人干扰，广结善缘，顺利完成影片制做，並广为传播。不胜感恩
丁荫楠 任月長 率摄制组全体同仁
叩拜
二〇一四年十一月五日

《丁荫楠等致启功先生书》(2014年)

正经的东西，守住这块阵地，我就在这儿坚持。”

为什么没有市场也要坚持？因为丁荫楠对启功和启功所代表的传统文化有敬畏心。

丁荫楠既然拍电影《启功》，心中就佩服启功，但《启功》第一次让丁荫楠明白了筹措费用的难处。他说：“拍一部传记片，国家、专家、家庭，三方缺一不可。”

中国文学艺术基金会在电影启动的时候给了一点钱，丁荫楠拍了个微电影《启功轶事》尝试了一下。当时的基金会秘书长姜昆一看，大电影没拍呢，钱没有了，而微电影获奖又让他感受到了丁荫楠创作的诚意。于是，这个相声演员起家的秘书长募捐去了。他动员全国有名的书画家来为电影《启功》写字画画，然后拿去卖钱。

很多艺术家被姜昆的热情所感动，更为了启功精神的传播，顺利完成了创作。这批作品，拍出一千万的好价钱。

电影学院院长、青年电影制片厂厂长听说丁荫楠遇到困难，一拍胸脯说：“我们接这个活了！”

丁荫楠回忆说：

章先生从头到尾全力支持，不提任何要求。这一点上，我还真没遇见过这样的家庭。我遇见的家庭都是有这样、那样要求的，章先生没有任何条件。另外，问什么，说什么，把他知道的都提出来。而且在我们拍的时候，还替我们到处张罗找钱，给我们宣传。不少道具本来我们可以自己做，但是我想用启先生的拐棍，章先生马上就拿出来。启先生用过的东西，也算文物了。家属支持到这种程度，是从来没有过的。道具带着启功的神气，带着启功那味么。那拐棍，如果做一个，跟他家里的确实不一样。

启功家里机器进不去。电影剧组是超小型的，也一百多人。大家都到小红楼里头怎么工作？所以，我们找了个屋子重新搭了一个。

除了启功的内侄章景怀，熟悉启功历史的还有北京师范大学的侯刚。虽然侯刚也积极支持，但毕竟年纪大了，什么事情都麻烦侯老，丁荫楠过意不去。于是他找得更多的是《启功全集》的编辑李强。丁荫楠说："李强首先是一个活字典，对启功的事情纯熟于心。所以我们经常以李强的判断为判断。我的原则是，一定要真实，不能瞎编，不是戏说。必须有人说，这个可以，那个不对。而且，李强对启功感情特别深，还有一种奉献精神，一分钱不要，拼命做事，什么都不计较。这非常难得。除了熟悉启功以外，他还诚心诚意，不厌其烦。最后大家看了，都认为没有硬伤。艺术处理手法可以不同，但绝对不能有硬伤。这点我们做到了，因为我们依赖李强。"

电影制作期间，丁荫楠遇到了很多困难，但他就是本着要全力以赴做好电影《启功》的想法，没有任何杂念。很多以为可以支持的人没支持，李强就愤愤不平。丁荫楠说："这也不奇怪，毕竟人家对启功没有更多的了解。人家没有必要非要支持你。"

丁荫楠有过想放弃的时候，他觉得，做文化电影，几乎没有人理解。"放弃"是因为"没钱"，好几次。李强回忆说："有一天，我陪着丁先生，送他坐公共汽车回家，都'再见'完了，丁先生走出三步去，叹了一口气。《黄帝内经》上说，人的这个气，实际上跟人的心思是特别有关系的。那口气叹得实在是太沉重了。"

丁荫楠在"消化"《启功》一年后，将自己的儿子丁震拉入剧组。他问儿子："你是不是来接手干这个？"然后，他语重心长地对丁震说："即使拍不成，通过研究剧本，你学习启功的为人，熟悉启功的故事，对你自己都会有很大的好处。"丁荫楠的话打动了丁震，那年他三十六岁。

虚无隐秘且落后
因有知己更向前

2011年，丁荫楠被请到文联、北师大开会，丁震随行，但他完全没有意识到这个电影最终会由自己来导演。他回忆说：

> 到了2012年，我爸说："这事一定要做！"但苦于没有编剧。找专家写了一些材料，不成为完整的东西——完整得像一个故事一样的东西。后来找陆昕写了一稿。陆昕是著名训诂学家陆宗达的孙子，中国政法大学人文学院教授，写过《静谧的河流——启功》。我们看了这本书，觉得细节很有意思，就请他来写一稿。我一看，不像电影，纯粹是琐碎的事，过于沉闷。虽然单个看有意思，但是组合起来还缺乏有机的东西。这样，我爸就动员我来写。我当时在家看孩子，我爸说："你一边看孩子，一边写。"我想，那就写吧！

丁震花了两个月时间，拿出初稿。这个本子受20世纪90年代白岩松访问启功的纪录片影响。作为记者的白岩松向文化大家提问，启功的说话方式，很谦虚的，非常幽默地消解掉了电视的霸气。启功说："不要老是吹捧，我其实就是一个教师。此地无朱砂，红土为贵。你们说了半天，因为没有这样的人，所以你们认为我现在稀有，其实我老师——陈垣比我还厉害。大家都认为我是书法家，其实不对，写好字是很正常的一件事。我最看重的是鉴定、国学。学书法，是自然而然的东西。”

第一稿写完了，资金没有到位，丁荫楠四处奔走找赞助。2013年，他们突然间有了一百万。靠这笔钱，丁震拍摄了一个类似片花的短片，也就是微电影了。丁氏父子希望通过微电影进行宣传，目的是让老板或者投资方看到一个有意思的东西。在这个过程中，丁震看了很多材料，对传主有了更深的了解，于是写出了第二稿。丁震说：

> 写第二稿时，我哭了，满脸眼泪。启功临终前那个晚上，吃饺子，他说了一句话：“物能留，人不能留啊！”这是启功一生说的最后的话，相当于遗言了。令我非常感动：东西都是身外物，可以留下，人是最重要的，但不能留。
>
> 启功最后发出这样的感叹，他确实觉得东西、这些书画，不过是过眼烟云。真正的亲人，最看重的东西却无法留住。

丁震要通过电影《启功》反映中国文人在20世纪的命运：知识分子在反智主义一统天下的时代，到底经历了怎样的痛苦？他说：“这是我个人对文化的理解，对知识分子的理解。”这一稿的特点归结起来是两个方面：

第一，辛辣的社会批判。因为着重写人性、人情，写启功妻子的死，写“文革”，所以丁震更强化讽刺，通过启功来鞭笞社会现象。比如，官员写字。丁震说：“启功有时候非常狠，对社会现象有自己的态度。于是，辛辣的东西比较多。”

第二，隐秘的虚无主义。丁震甚至写了“启功之死”——灵魂出壳。启功信佛，电影表现得凝重，也更虚化、更诗化的空灵的美丽。丁震说：

"我为什么说空灵？如果能做出空灵感来，是最高级的，更接近宗教。但这些东西是我个人喜欢的，片子要跟大众见面，不能去做一些太个人化的东西。"

丁震如果自己有钱做出品人，他可能就这样拍了：有意思，更自由。但他说："第二稿有灰色、阴冷的东西，有绝望的地方。"因为担心审查，所以丁震决定舍弃，把搭建好的积木推倒重来。

发现第二稿的问题用了一年时间。丁震说："个性化的东西可能有意思，但提炼不够，既不符合现在观众的审美要求，也不符合主旋律。"电影必须有人看，过分个人化要不得。所以，丁震又改出了第三稿。

这次，他提炼出了"师生情"：主题紧扣"师承"，启功的老师陈垣—启功—启功的学生雨辰。重点写三代人的情感故事。为人师贵在传道，启功继承了老师的品德，又传承了下去。最后归结为教师的境界即启功给北京师范大学设定的校训："学为人师，行为世范。"

丁震说："电影主题不能是书法。书法比较单一，只是启功的一个点缀色彩。作为国学家，启功认为教书育人是他的使命，是时代所需要的。"

有了主题，还要有饱满的故事。丁震不能单线条地讲启功的九十三年人生，于是，他设定电影从"文革"动乱开始，再一点点回溯至20世纪二三十年代。时光不断闪回，既有强烈的对比，又有时空转换，不致审美疲劳。"文革"到"改革开放"是一条叙事主线，暗含"民国"到"文革"另一条回忆辅线。主线、辅线交叉、交织，编织成了整个20世纪中国知识分子的生存图景。

非常岁月哭笑不得的事情太多了。但是，回想20世纪二三十年代，中国文人曾有过很自由的时光，那是启功最幸福的时光。在辅仁大学，启功快乐着时代的快乐！

丁震愿意用闪回手法让时光倒流，两相对照，反衬出"文革"中知识分子的压抑和不自由，描写政治高压下文人的状态。丁震谈到启功时，说："他没辙，没有办法，尤其作为曾经的皇族，被视为封建余孽。为了生存，他委曲求全，很违心地去做自己不愿意做但不得不做的事情。而世界如果仅仅一个启功也就好了，但当时有一批文人是这样。"

接着，他说道："文人中，像陈寅恪非常傲骨，眼里不容沙子，抗争到底，他自由表达，毫不畏惧。但有的文人就逆来顺受。启功不是剑拔弩张的感觉，性格当中有懦弱的一面，但是我们不能为了塑造高大全而不顾真实的启功。因为他没有办法。"

丁震写《启功》电影剧本，第一稿侧重探秘、揭秘；第二稿侧重传主个人遭遇；到了第三稿，整体就比较大气了。在社会上为广大喜欢启功的人津津乐道的《自撰墓志铭》曾出现在第二稿中，但到了第三稿，还是忍痛割爱，删除了。丁震说："《自撰墓志铭》是启功人生惨淡的时候写的，有点灰色，不太符合片子最终要呈现的基调，所以最后没有用。本来放在'老鼠出没'这一块：老鼠在封着的古迹上大特写结束后，启功躺在屋里，气氛有点死寂的感觉。然后他起来写了'墓志铭'……中学生，副教授……很长。但节奏不符合，太慢，而且讽刺意味太浓，比如"瘫偏左，派偏右"，不太符合我们呈现的电影基调。所以，彻底删除，电影更干净——紧扣'学为人师，行为世范'来讲，告诉世界：传统道德、传统文化要一代一代传承下去。"

丁震以墨梅折扇作为构成影片叙事的那条重要线索。折扇是古代文人的符号之一，梅花是文化品格的象征之一。童年启功在爷爷辅导下，在一把折扇上画出一枝墨梅，体现了爷爷手把手传递给他的文化种子：不惧严寒，傲然开放。几年后爷爷去世，家庭败落，孤儿寡母被扫地出门，少年启功从变卖掉的家当中抢回这把墨梅折扇。他迷惘了："封建的国"不在了，"民主的国"还没有建立起来……

"画扇""抢扇""丢扇""撕扇""烧扇""修扇"……如果丁震再能表现一下在战乱中墨梅折扇丢失或者在"文革"中这把珍贵的折扇被撕毁，最后在"迟来的春天"里修复这把传承了百年的扇子，那么，这部电影就像昆曲名剧《桃花扇》一样可以叫《墨梅扇》了。一把扇子承载着了家国兴亡故事，也就成了启功一生的写照。

电影一共写了启功三次搬家。第一次是童年时代大家族散了，从高大门厅里搬离；第二次是中年和妻子在“文革”中的搬家，黑夜胡同里的艰难，自己拉板车，一车的书籍；第三次是“文革”之后搬家，离开小胡同，搬进北师大专家楼。

第一次搬家，少年启功和母亲离开大家族，变成一个平民家庭，从大宅门里走，慢慢慢慢离开，其中隐含着不舍和眷恋，是无奈的离开。第二次搬家，“文革”血雨腥风，我设计成在雨中搬家，启功艰难地拉着板车，夫妻俩同舟共济。即使在这样的环境中，他保护着中华仅存的一些文明和文化底蕴。第三次，也是最后一次搬家，寓意脱离苦海，标志着他从此向好的方向发展。这时，他已经成为国家需要的人，被重视了，从贫民窟搬到大书房，终于有了一个地方写字，很多人求字。他身份和地位的提高，是国家对知识的尊重。这样跌宕的人生，终于有了一个交代。

电影是以启功讲唐诗引申出“有知己便不寂寞”开始的，结束也以同样一节课画上句号。那么，我理解的电影主题便是：中国文化需要懂得它的人和环境。一个时代尊重传统、尊重文人，那么这个时代就是一个昌明的时代；反之，则是一个混乱的时代。文人命运，肯定是时代的试金石。“因我国乱，知我世昌”——这是我观影后得到的电影主题。“我”是传统文化孤独的灵魂，因我知我，我就像骆驼、像寒梅一样，或者低头前行，或者独自绽放。

“知己”可遇不可求。而且作为传统文人，启功“脸皮欠厚”，他根本没有主动推销自己的热情，甚至不屑去这样做。于是，对有缘碰到的“知己”，他用下跪叩头来表达满满的感激。

如果没有几个知己，启功就没法活。他会孤独，会早死。有了知己雪中送炭，他就会感到温暖。知己更加平等，是朋友的最高境界。知己的反义词，或者对立面是什么？在电影中我看到的是历史环境。启功所代表的传统文化、精英文化，不被整个时代理解和容纳。这就形成了电影《启功》最强的内在冲突。启功一生中的“知己”是陈垣、妻子、学生，“反知己”是整个“革命”运动背景。如果整个社会接纳启功，成了启功的知己，启功踏实了，社会也就踏实了。

丁震在电影中成功描写了启功的三次下跪，一次比一次催人泪下……

第一次，画家贾羲民认为少年启功具备绘画天赋，愿意收他为徒，启功下跪。以贾羲民为代表的一群传统画家，是传统文化的传承者，接棒传棒，每个生命都是文化传承的一环。启功对上面那一环的叩拜，是尊重，是感恩！

第二次，恩师陈垣寿诞，启功画了寿桃献上后，还行下跪礼为老师祝寿。陈垣作为辅仁大学校长、北京师范大学校长，发现并重用启功，是启功一生中最重要的“伯乐”“知己”。虽有“知遇之恩”，却无涌泉相报，启功下跪，情感饱满，观者不能不怅然。

第三次，相濡以沫的妻子辛苦操持家务，在自己最落魄的日子里，不离不弃，生死相守，而且用真切的爱留存了启功早年的作品。启功一生没有能给妻子豪宅、豪车、奢侈品，甚至连起码的温饱也难以为继。所以，给妻子下跪，是他一生愧疚的表达，也是爱的表达。配合着台词，你不能不落泪。

这三者都足以称为“知己”。但是，如果启功生命中只有这三者，他还是太孤独，因为这三者都先于启功离开了世界，启功作为文化的传递

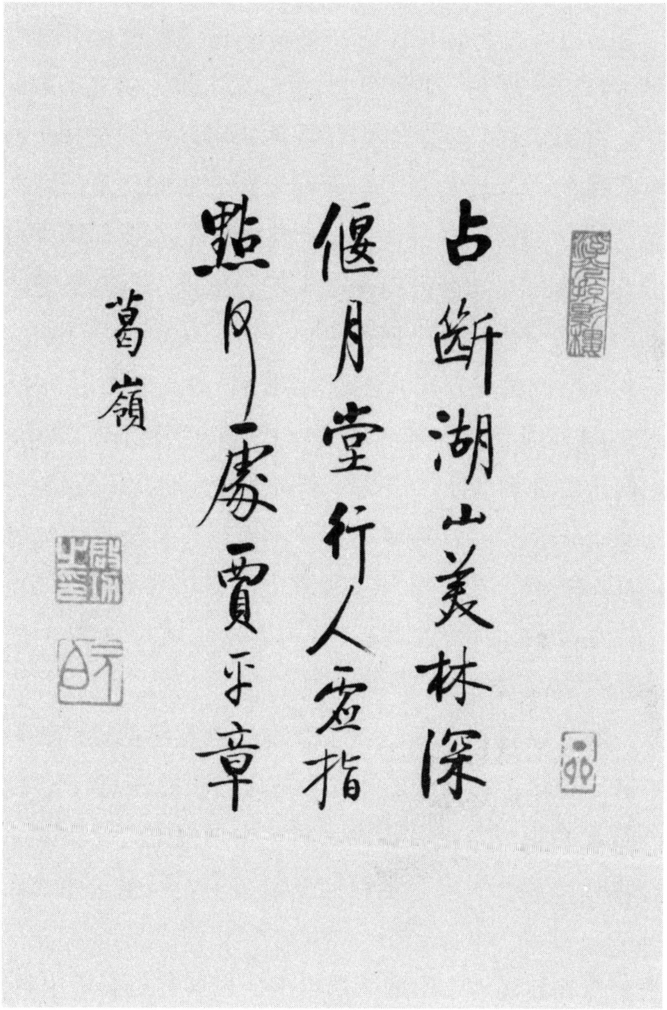

启功书法（1988年）

者，他接过来的东西，传到哪里去?

于是，丁震把自己设计进了故事里，他糅合几个学生向启功求学的真事，组合出“雨辰”这么一个形象。“雨辰”就是“震”，以此表达生于1976年经历了唐山地震和国家震荡的一代人对传统文化摧毁时的反思。

“雨辰”在“文革”中偷撕启功书写的大字报，将之珍藏起来偷偷临摹学习。这一细节表明，即使在那样特殊的年代，传统文化的美还是不容置疑地有其接受者。这是启功能够迎来春天的文化基因所在。无论全民革命还是全民学外语学炒股，懂得文化审美的人在你不知道的地方悄悄地关注着你，这是启功获得新生的土壤。所以丁震在塑造“雨辰”时不惜笔墨，一次又一次让他出现在启功身边。从与启功“对立”到“教训”启功、封了启功的资料，到主动向启功表露心迹向启功“求学”，最后拿出自己的研究成果请老师“题签”。“雨辰”陪伴了启功的后半生，丁震用自己的语言告诉观众，这是一个高压时代的文化渐醒过程。

因为是自己这代人，丁震专门写了不完美，甚至是大缺憾。“雨辰”的女儿去给启功祝寿，把“恭”字写错了。启功耐心地一笔一画教“雨辰”的女儿写这个字，并说，“恭”的下半部，是“心”的变体，而非“水”字。因为“恭”表“敬”，是需要用“心”的。

丁震说，我用这段情节表达一个意思，就是我们这代人做事太功利了，用心不够。电影中启功给恩师祝寿是自己画的画儿、老伴蒸的寿桃，而“雨辰”给老师祝寿是超市买的礼品。启功祝寿行了下跪礼，而“雨辰”已经不再行下跪礼了。这是我们更文明了？还是传统已经渐行渐远了？

对比手法是各种艺术常用的手法，丁震在这部电影里用得比较精妙。比如，民国时期知识分子在北海公园打雪仗，自由轻松浪漫；而“文革”时期知识分子噤若寒蝉。又如日伪统治时期，中国知识分子因宣传红色思想被抓，“文革”中知识分子因为宣讲传统而被批斗等等等等。而在大对比中，又有小对比。在北海公园雪地上漫步，当年轻的启功因去做官还是留在大学教书举棋不定时，陈垣说："你在大学拿的是聘书，拿聘书就是宾客；你到政府拿的是委任状，拿委任状，你就是僚属。"启功明白了这个道理，就坚持留在大学。这是启功不做官，或者传统知识分子中一大部分人不屑做官的理由。

电影还有启功与妻子两次拥抱的对比，有启功在日伪统治时期、"文革"时期两次盖章遭遇的对比，都不能不叫观者心动。但是作为职业教师，描写课堂上的启功，丁震毫不犹豫地浓墨重彩去铺陈，场景多达十二次。试想，在一个九十分钟的电影中，课堂教学画面出现十二次，如果导演没有十足的信心，该是怎样的一种重复和臃肿的场景啊？但丁震表现得游刃有余，得心应手。

呼应法拍课堂，启功前后两次讲"知己"如此，启功课堂受"政治冲击"、受"娱乐冲击"如此；对照法拍课堂，要求一律的刻板课堂与个性化教学的游走课堂；"文革"时门可罗雀的偷悄悄的家庭课堂，"文革"后趋之若鹜的爆发式课堂。在成熟思想的指导下，丁震调动各种可能的视觉语言，把如此频繁出现的课堂讲述得清晰、温暖、合情合理，意味无穷……

课堂，无论私塾，还是小学、中学、大学，无论两个人之间的一对一授课，还是大阶梯教室上百人的宣讲，无论"文革"中还是"文革"结束后，电影始终在课堂上。于是，作为教师形象，启功非常清晰地呈现在了观众面前。

丁震说：

> 最后一次。这节课后面还有很多内容要讲，再次被打断。剪辑的时候，我说："太傻了！"后面的词被删掉了。电影拍摄完，作为发行方的北京电影学院院长说："还是要让启功讲国学，而非书法。补拍这样一堂课。"我一想，补拍得有意义才行啊！要意义，就加了

这么一场戏。即20世纪80年代，重新回到学校，继续讲“文革”被停止了的那节课，还是讲王勃的诗，讲“天涯若比邻”。这堂课讲授中间，一群学生在楼道里打篮球，冲击了一下教室的宁静。启功看看，继续讲。他讲道：“有知己就没有孤独。”我们试图告诉观众：知己是多么的重要，知己对人生的意义和对社会的价值多么值得重视。

本书主要参考书目（资料）

1. 启功：《启功全集》（修订版），北京师范大学出版社，2012。

2. 侯刚、章景怀编著：《启功年谱》，北京师范大学出版社，2013。

3. 启功：《启功自传》，北京师范大学出版社，2013。

4. 启功：《清空如话》，北京师范大学出版社，2013。

5. 启功：《两种文体》，北京师范大学出版社，2013。

6. 启功：《绝妙好辞》，北京师范大学出版社，2013。

7. 侯刚：《启功图传》，河南人民出版社，2014。

8. 侯刚：《往事启功》，北京师范大学出版社，2017。

9. 柴剑虹：《我的老师启功先生》，商务印书馆，2006。

10. 柴剑虹：《高山仰止——论启功》，中华书局，2012。

11. 启功：《红楼梦·序》，载自曹雪芹《红楼梦》，北京师范大学出版社，2012。

12. 李可讲：《服膺启夫子》，新星出版社，2011。

13. 《李强聊启功（一）》未刊稿，刘红庆2018年1月22日采访于北京师范大学出版社，弓宇杰根据录音整理。

14. 《李强聊启功（二）》未刊稿，刘红庆2018年1月23日采访于北京师范大学出版社，弓宇杰根据录音整理。

15. 《李强聊启功（三）》未刊稿，刘红庆2018年2月6日采访于北京师范大学出版社，弓宇杰根据录音整理。